シリーズ「遺跡を学ぶ」035

最初の巨大古墳

箸墓古墳

清水眞一

新泉社

最初の巨大古墳
―箸墓古墳―

清水眞一

【目次】

装幀　新谷雅宣
本文図版　松澤利絵

第1章　王都建設の地

1　箸中の地

大和平野東の扇状地

築造当時（三世紀）は日本最大の「墳墓」であった箸墓《はしはか》古墳が築かれた箸中《はしなか》の地（図1）は、奈良市から桜井市にかけて南北に一直線に走っている春日《かすが》断層崖（地震断層）の南西端に位置する。大和平野をとりまく、いわゆる「大和青垣《やまとあおがき》」の南西隅にあたる。

本来は春日山と西の生駒《いこま》山との間はなだらかな平地であったものが、あるとき突然陥没して今の大和平野が形成されたといわれている。断層によって、東側にある大和高原の西半分の水は、西側の低い大和平野に流れ込む。主な河川として北から岩井《いわい》川・高瀬《たかせ》川、布留《ふる》川、纒向《まきむく》川などがあり、それぞれに扇状地形の狭い沖積平野を形成する。そのなかで纒向川のつくった纒向扇状地の上に、纒向遺跡と箸墓古墳が存在する（図2・3）。

◀**図1●箸中から纒向の地**（上空西から）
大和高原の西端から流れ出る纒向川が形成する扇状地形上に、3～4世紀の王都と大王墓が築かれていた。三輪山とその背後に纒向山と初瀬山を望む。

初瀬山
纒向山
三輪山
ホケノ山古墳
箸墓古墳
東田大塚古墳
箸墓古墳
奈良県

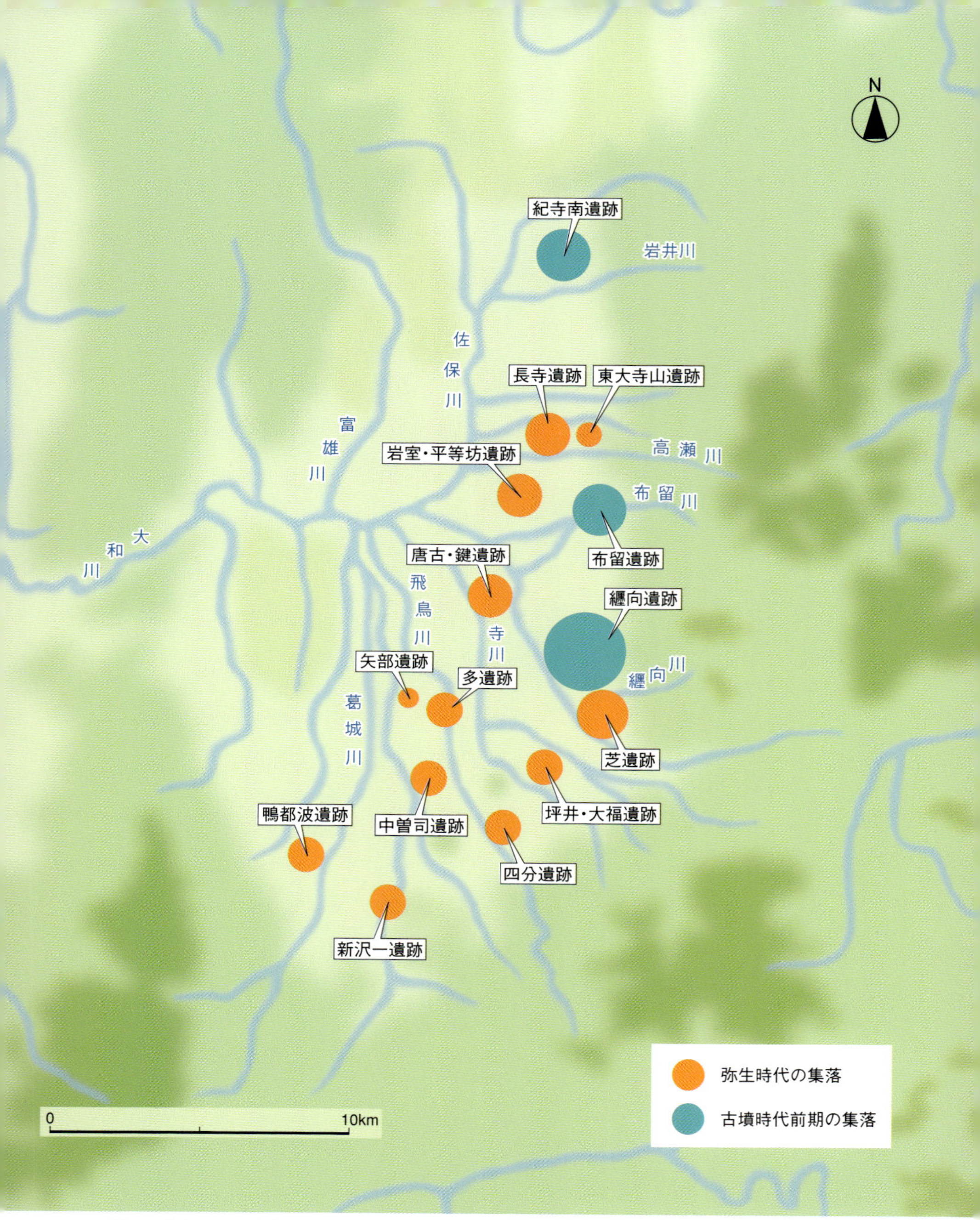

図 2 ● **大和平野と弥生時代から古墳時代前期のおもな集落**
奈良盆地の中央部から南部にかけてつくられた弥生時代の環濠集落と古墳時代前期の大集落。

大和平野の東側に位置するこの扇状地形は、縄文時代には狩猟民の活動範囲として数々の遺跡・遺構が検出されている。代表的な遺跡には天理市の布留《ふる》遺跡があげられる。

弥生時代に入ると、この地は稲作農耕文化には適さぬ地域であったとみられ、後期後半までの遺跡がほとんど見られなくなる。つまり弥生時代には、弥生人たちによって平野の低い部分を中心に開発されたものだろう（図2）。この箸中の地域は縄文時代につづいて、弥生時代でも狩猟採集の場であったようだ。この空白地に新しく人びとが進出してくるのである。

三輪山地と河川に守られた地

纏向の扇状地形は、東西約二キロで一〇〇メートルの高低差があるため、稲作農業には向かなかったが、大和平野全体を見渡すには、

図３ ● 箸墓古墳周辺の遺跡
縄文時代後〜晩期と、古墳時代初頭期以後の集落が広がっている。

とても便利な地形であった（図3）。

背後には三輪《みわ》山、纒向山、初瀬《はつせ》山の峯々がひかえ、進出してきた人びとの目には、王都を建設するための理想的な場所として見えたのであろう。彼らは、前期弥生人のように米作りの場を求めて来たのではなく、王都建設の場を求めて来たに違いない。大和平野の人びとを征服しようとして来たことが、住居地の選択一つをとってもわかるのである。

それまでの弥生人は、ムラの防衛のために直径四〇〇〜五〇〇メートルもの環濠を掘り、非常時には水を溜めて水城とした。ところが、纒向扇状地では、同じ規模の濠を掘っても西の低い所に水は溜まるが、東の高いところは空濠のままで、防禦の役目をはたさない。そこで、この扇状地の北側の烏田《からすだ》川や穴師《あなし》川（現在は埋め立てられて残っていない）、南の初瀬川が環濠がわりの防衛線に用いられた。

二つの川は纒向遺跡の西側で合流し、河川と三輪山系とによって独立した地形をつくる。日本書紀の崇神《すじん》天皇三年の条にある、「都を磯城《しき》に遷《うつ》す。これを瑞籬《みつかき》宮と謂《い》ふ」の瑞籬とは、これらの河川で区切られた水の垣根を持つ所に建てた宮という意味であっただろう。

2　箸墓古墳の調査の歴史

箸墓古墳は宮内庁の管理

箸墓古墳およびその周辺の発掘調査は、必ずしも古くから実施されていたわけではない。箸墓古墳は現在宮内庁の管理内にあり、定期的な巡視等以外では何人をも立ち入らせないという方針が貫かれている。ゆえに、箸墓古墳の周辺での発掘調査は、古墳関連の遺構・遺物が検出されることはあっても、宮内庁指定の箸墓古墳（宮内庁では「倭迹迹日百襲姫命《やまとととびももそひめのみこと》・大市墓《おおいちのはか》」の名称が正式とされている）の範囲のなかで、考古学上の調査は実施されたことはない。

とは言うものの、一九九八年秋に来襲した台風九号により、古墳墳丘の巨木が数多く倒れ、根がもち上がってしまったときに、宮内庁書陵部の考古学専門官たちが墳丘の上に登って、根とともに上がった土のなかから小片ながらも土器や埴輪の破片を採集し、『宮内庁書陵部紀要』第五一号で紹介している。周辺の遺跡や古墳については、纒向遺跡によって脚光を浴びるようになった一九七一年以降に、発掘調査が始まっている。

葺石の発見

箸墓古墳の発掘調査の歴史は、非公式な部分を除けば一九七二年の古墳南側の市道を改修する際に、葺石《ふきいし》と見られる河原石が一面に出てきたときにはじまる。通りがかったY新聞社の地元記者がそれに気づいて、橿原考古学研究所（以下、橿考研と省略）に連絡し、簡単な調査が実施された。

以降三三年の間に一四件の発掘調査がおこなわれ、いろいろなことがわかってきた。もちろん、古墳墳丘外の部分での調査である。古墳の周囲はすべて民有地と桜井市の市道であり、北の箸中大池は箸中区より西の地区の水源池として、地区共有の財産となっている。

第2章　箸墓古墳の築造

1　周濠

濠と土橋

箸墓古墳（図4・5）は、前方部の西端での調査がおこなえず推定の域を出ないが、全長約二八〇メートル、後円部径約一六〇メートル・高さ二五メートル、前方部幅約一四〇メートル・高さ一五メートルの前方後円墳で、纒向川の氾濫原状の砂礫《されき》堆積層上に築かれている。耕作地や集落をつぶしてつくられたものではなく、当初から空き地であった所につくられたものだろう。

南西端と南東端に入れたトレンチで見つかった濠底の海抜高の差は約六メートルあり、三〇〇メートルの間で六メートルの高低差は二パーセントの傾斜度しかない（纒向遺跡全体では五パーセントもある）。このことは、ほぼ平坦面上に古墳が築かれていることを意味する。濠は、

◀**図4 ● 箸墓古墳**
全体を照葉樹林などでおおわれた箸墓古墳は、前方部がバチ形に広がる形式の、三世紀最大の前方後円墳である。

北西・南西・南・南東の各所に入れたトレンチで検出された。北西部と南西部では二本の溝が検出されたため、二重周濠の可能性もあるが、東側や西側では未確認なので今のところは断定できない。

南東側に入れた第一〇九次調査（この調査次数は纒向遺跡全体の調査次数。本書では、この次数に統一）のトレンチで明らかになったのは、「土橋《どばし》」が検出されたことである（図6）。行灯山《あんどやま》古墳（伝崇神天皇陵）や渋谷向山《しぶたにむかいやま》古墳（伝景行天皇陵）の現状が、いくつもの土橋で区切られた高さの違う濠をもっている点、その祖形と見てよいと考えられる。箸墓古墳の濠底の六メートルもの高低差の間に、三カ所くらい階段状の濠があって、それぞれに土橋がつくられたものか。ちなみに、それ以前の築造と見られる石塚《いしづか》古墳や勝山《かつやま》古墳では、西が低く東が高い濠の底の高低差はあるものの、土橋までは検出されていない。おそらく、全長一〇〇メートル規模であれば、築造の際には空濠のままで、土橋をつくるまでもなかったものであろう。

これに対して全長三〇〇メートル規模の箸墓古墳となると、濠のところどころに土橋をつくらないと、墳丘内に物資を持ち運びするのに不便であるとの考えで、付けられたものであろう。また六メートルもの傾斜の濠底を、少しでも平坦化するには階段状の濠にするのが機能的であったものだろうか。

濠は空濠

ここで古墳の濠について、満々と水をたたえて周辺の農業用水に使われたとか、大古墳を築

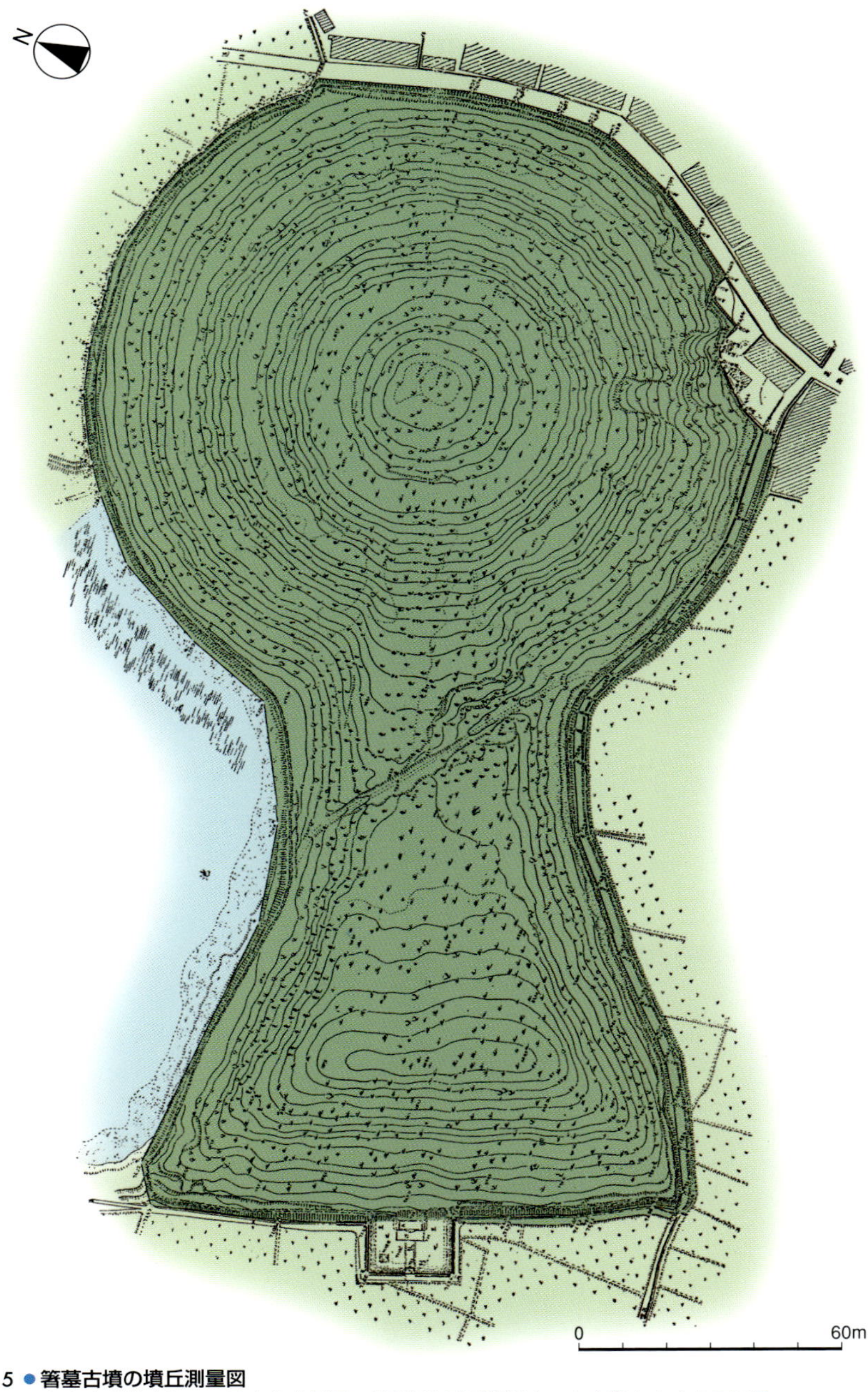

図 5 ● 箸墓古墳の墳丘測量図
宮内庁が公表している古墳実測図。「倭迹迹日百襲姫命・大市墓」とされている。

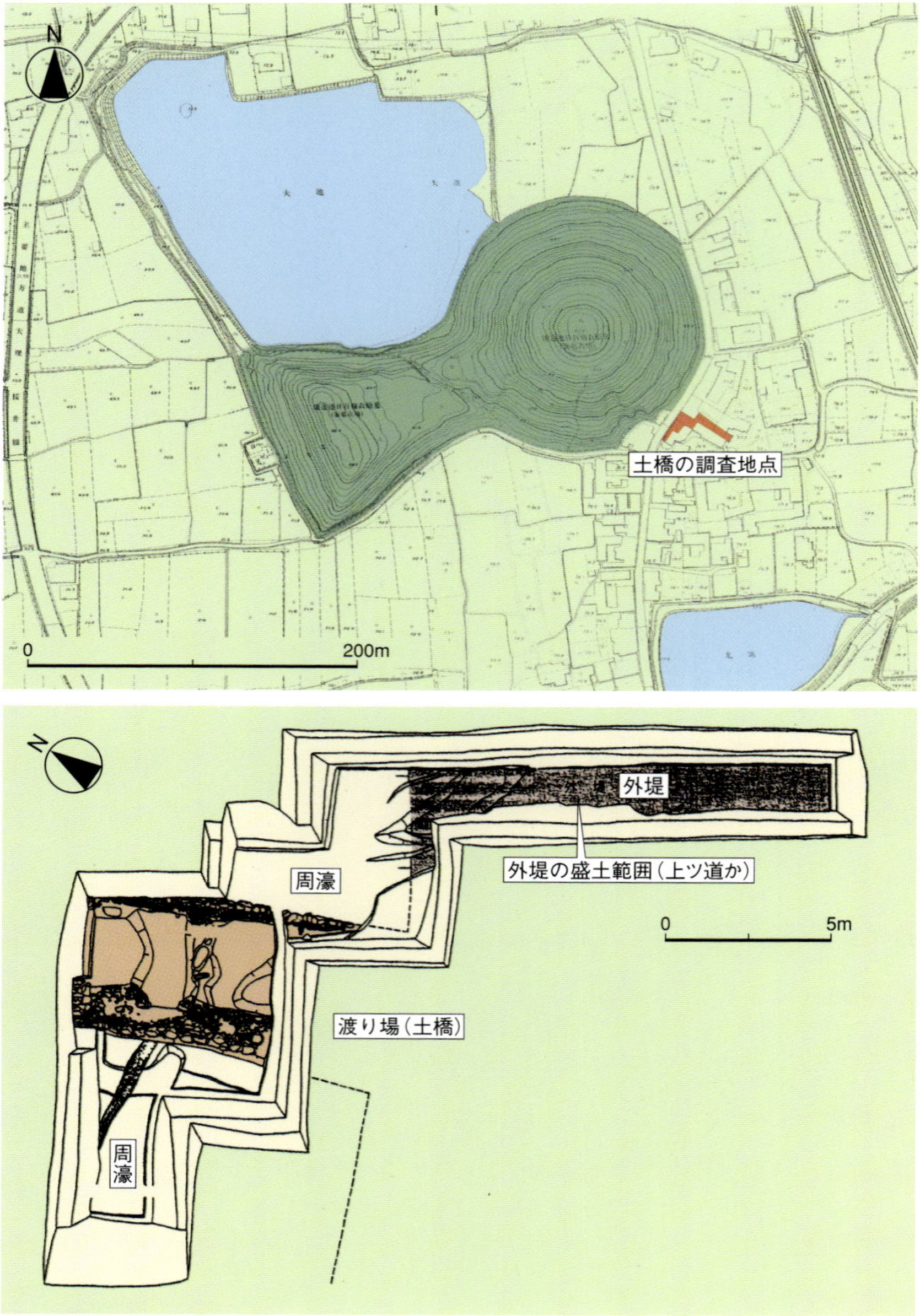

図６ ●検出された土橋
両側を石積みにした土橋が古墳と外堤との間に架けられていた。工事用に使われたものか。

くことによって周辺の水田化がはかられたとか言われたり書かれたりするのをよく見聞きする。しかし現在の状況がそうであっても、大古墳が築かれた三〜六世紀にはけっしてそんなことはありえなかったのである。

古墳築造時には濠は空濠であって、集中豪雨や台風時に一時的には濠内に水が溜まることがあっても、常時溜めることはなかった。よく濠底の泥炭層を分析して、滞水したときに生える植物の種や花粉があるとは聞くものの、それは一時期なものである。

近年、宮内庁のみならず、各自治体が頭を悩ませているのが「古池」対策事業で、古い池の護岸がもろくなり危険というので、農林水産省が補助金を出して改修する事業が進められている。箸墓古墳の北側に接する箸中大池で、第八一・八五・九五次の調査がなされたのもこの改修工事が理由である。

なぜ古池が危ないのか。水を満々とたたえると、自然の風、特に冬季の北西の強風によって池の水が波となって岸にぶつかり、少しずつ岸を削っていく。江戸時代になって古墳の濠が農業用水池として使われるようになるのだが、それからでも約三〇〇年たっており、現在は一〜二メートルも岸が削られて内側がえぐられているところがいくらでも見られる。

天理市の国史跡・櫛山《くしやま》古墳がそのよい例である。江戸時代から水を溜めていたので、三〇〇年たった今では二メートル以上も削られて、前方部がやせてしまっている。その防災工事に先立つ発掘調査のおかげで、思いもよらぬところから円筒埴輪列が出てきて、古墳の規模が従来より大きくなってしまった（図7）。

古墳時代前期と中期で異なる濠

大山《だいせん》古墳（伝仁徳天皇陵）などのように、古墳の濠に水が溜まっているものは、当初から水を溜める目的でつくられていたのではないかと主張する人もあるが、中世から近世にかけて古墳の周辺の新田開発で、田圃に入れる水を溜めるために空濠を池に変えてから、現在のような状況に変化したものであろうか。

現に、今は大阪狭山《さやま》市にある狭山池の水が大山古墳の濠に入っているが、そうなったのは江戸末期のことらしい。大山古墳のある百舌鳥《もず》地域では古墳をつくる際に、水平面をつくってから積み土をするやり方をとっており、大和平野の大型古墳築造方法とは、大きく変わっている。山裾の傾斜面を巧みに利用して、水平面をつくらずに築造する大和のやり方は、

図 7 ● 櫛山古墳の前方部南端部の円筒埴輪列
国史跡・櫛山古墳は、江戸時代に北・西・南を池とされて、柳本地域の新田開発が進められた。以後、約 300 年、前方部は削られ、池の中に 2 ～3 m 入ったところで墳丘の裾をめぐる円筒埴輪列が発見された。左側が現墳丘裾で、右側は現在池の底である。

大和平野の土地の制約にもよろうが、堺市の百舌鳥台地ではそれだけ広い土地を使えたものであろう。古墳時代前期と中期の築造差なのかもしれない。

2 葺石

大坂山の石

箸墓古墳のなかには入れないものの、古墳周囲をめぐることはできる。もっとも北側は箸中大池のため、水を抜く冬の間しか入れない。この池と古墳との間で、たくさんの石材を見ることができる。その多くは河原石であり地元の花崗岩《かこうがん》が多いが、なかには橄欖石玄武岩《かんらんせきげんぶがん》と呼ばれる薄くて扁平な石材も混じっている。この玄武岩こそ、『日本書紀』崇神紀十年九月の条に「大坂山の石を運びて造る。則ち山より墓《みはか》に至るまでに、人民《おおみたから》相踵《あいつ》ぎて手逓伝《たごし》にして運ぶ」と書かれている「大坂山」の石である。

この「大坂山」とは、奈良県と大阪府との境に存在する二上山《にじょうさん》の西側にピークを持つ芝山《しばやま》のことで、大和川が亀《かめ》ノ瀬《せ》と呼ばれる急流になる地点の南側の山である。奥田尚《おくだひさし》の研究では、芝山の頂部は石材が大量に取り去られて、窪んだ状況をしているとのことである。なぜ芝山の石が運ばれたかはよくわからないが、春日断層崖の西側に築かれた古い前方後円墳地帯（大和《おおやまと》古墳群と呼ばれている）に持ち運ばれ、それぞれの古墳の埋葬施設である竪穴石室（石槨）をつくるのに用いられている。

使用された石による年代の違い

奥田の説によると、初めは大和平野に近い部分（橄欖石玄武岩地帯）から採取され、後に取り尽くして奥の方の石（橄欖石安山岩《あんざんがん》および輝石《きせき》安山岩地帯）に手を出しているとのこと。玄武岩と安山岩のこのわずかな石材の違いが、大和《おおやまと》古墳群築造の年代の違いに通じるのである。

玄武岩を使っているのは箸墓古墳、弁天塚《べんてんづか》古墳、波多子《はたご》塚古墳などの古期の古墳で、安山岩は下池山《しもいけやま》古墳、東殿塚《ひがしとのづか》古墳、柳本大塚《やなぎもとおおつか》古墳、京都府椿井大塚山《つばいおおつかやま》古墳などの新期の古墳が使っている。その両方を使用する古墳には、黒塚《くろづか》古墳や西殿塚《にしとのづか》古墳などの中期の古墳があり、おおよそこれら古式の古墳の築かれた順番が使用された石によってわかるのである（図8）。

多いのは地元の河原石

箸墓古墳の葺石は、地元の河原石（黒雲母《くろうんも》花崗岩《かこうがん》）を使っているとみてよいと思われるが、池にまで落ち込んでいる玄武岩の存在は、葺石に使われたものか、竪穴石室が破壊されて散乱したものかは不明である。調査はされていないが、竪穴石室に使った残りを葺石に使ったものか、それとも「紀」にあるとおり手渡しして運んで葺石としたものかは、興味あるところである。

また、纒向遺跡西地域の四基の古墳（石塚・矢塚《やづか》・勝山・東田大塚《ひがいだおおつか》古墳）の調査結果からは、葺石を葺いた痕跡は認められない。いずれの古墳も濠内の調査では、河原石や玄武岩、安山岩が大量に出土した例はない。

	古　墳	所在地	石材使用箇所	石　種	採石地	備　考
1	箸墓古墳	桜井市	壁石？	橄欖石玄武岩	柏原市芝山	吉備型特殊器台
2	アンド山古墳	天理市	壁石？	橄欖石玄武岩	柏原市芝山	
3	波多子塚古墳	天理市	壁石？	橄欖石玄武岩	柏原市芝山	吉備型特殊器台
4	玉手山３号墳	柏原市	壁石？	橄欖石玄武岩	柏原市芝山	割竹形石棺
5	西ノ山古墳	八尾市	壁石？	橄欖石玄武岩	柏原市芝山	
6	西山古墳	天理市	壁石？	橄欖石玄武岩	柏原市芝山	
7	弁天塚古墳	橿原市	壁石？	橄欖石玄武岩	柏原市芝山	吉備型特殊器台
8	馬口山古墳	天理市	壁石？	橄欖石玄武岩	柏原市芝山	吉備型特殊器台
9	西殿塚古墳	天理市	壁石？	橄欖石玄武岩	柏原市芝山	吉備型特殊器台
				橄欖石安山岩	柏原市芝山	
10	中山大塚古墳	天理市	壁石	輝石安山岩Ａ	春日山火山岩	吉備型特殊器台
				黒雲母花崗岩	在地	
				柘榴石黒雲母安山岩	逢坂川	
11	燈籠山古墳	天理市	壁石？	橄欖石玄武岩	柏原市芝山	
				紅簾石片岩	和歌山市、徳島市、四国中央市	
				緑泥石片岩	和歌山市、徳島市、四国中央市	
12	将軍山古墳	茨木市	壁石	紅簾石片岩	徳島市、和歌山市、四国中央市	
				緑泥石片岩	徳島市、和歌山市、四国中央市	
				石英安山岩（石英斑岩）	池田市？	
			天井石	アプライト質黒雲母花崗岩		
			天井石	角閃石安山岩		
			天井石	花崗岩質砂岩	和泉砂岩	
13	茶臼山古墳	柏原市	壁石	輝石安山岩Ｂ	？	
				紅簾石片岩	和歌山市、徳島市	
14	天神山古墳	天理市	壁石	輝石安山岩Ａ	春日山火山岩	
15	西求女塚古墳	神戸市	壁石	橄欖石玄武岩	柏原市芝山	
			天井石	緑泥石片岩	和歌山市、徳島市	
			天井石	石英斑岩	池田市	
16	ヒエ塚古墳	天理市	壁石？	橄欖石安山岩	柏原市芝山	
17	マバカ古墳	天理市	壁石？	橄欖石安山岩	柏原市芝山	
18	下池山古墳	天理市	壁石？	橄欖石安山岩	柏原市芝山	
19	東殿塚古墳	天理市	壁石？	橄欖石安山岩	柏原市芝山	
20	柳本大塚古墳	天理市	壁石？	橄欖石安山岩	柏原市芝山	
21	玉手山７号墳	柏原市	壁石？	橄欖石安山岩	柏原市芝山	
22	松岳山古墳	柏原市	壁石	橄欖石安山岩	柏原市芝山	長持形石棺
23	玉手山９号墳	柏原市	壁石	輝石安山岩Ｃ	亀ノ瀬付近	
			？	緑泥石片岩	和歌山市？	
24	津堂城山古墳	藤井寺市	壁石？	輝石安山岩Ｃ	亀ノ瀬付近	長持形石棺
			？	緑泥石片岩	和歌山市？	
			天井石	流紋岩質溶結凝灰岩	高砂市東部	
25	櫛山古墳	天理市	壁石？	輝石安山岩Ｃ	亀ノ瀬付近	長持形石棺

図８ ● 近畿地方における前期古墳の石室石材の石種とその採石地

3 段築

崩されることがなかった箸墓

箸墓古墳は、地形図を見る限りでは、後円部五段・前方部三段バチ（撥）形最西部四段の段築がなされている（図9）。周囲からの視察では、明瞭には区別できないもののやはり段が認められる。当然のことながら、これだけの大古墳を築き上げるためには、幾段かの分割方式で土を積み上げないと、すぐ地崩れを起こしてしまうだろうし、葺石を葺くにも葺きにくい。

周辺の纒向古墳群の石塚古墳や矢塚古墳、ホケノ山古墳に勝山古墳や東田大塚古墳、それ以外の小古墳群が江戸時代以前から畑として開墾され、明治時代に入ってからは桑畑として利用され、こまかく区切られていたのに対し、箸墓古墳ではそんな形跡はまったく見られない。

鎌倉時代の終わりから南北朝時代にかけて、戦闘が熾烈《しれつ》におこなわれたこの地域では、大神《おおみわ》神社境内ですら大きな砦《とりで》が築かれているのに、箸塚山《はしづかやま》（江戸時代の箸墓古墳の名称）には切通《きりどおし》や郭《くるわ》状の出っ張りや平坦面も見られない。箸墓の名称や倭迹迹日百襲姫の墓という古くからの伝承が、それをさせなかったものだろうか。

江戸時代中期に桜井市芝に陣屋をつくった織田氏は、東の山際に貯水池をつくったが（丸池）、すぐ横の茅原大墓《ちはらおおばか》古墳を崩さずに、隣の毘沙門塚《びしゃもんづか》古墳を削り、その土でもって池の堤を築いた。茅原大墓古墳には、垂仁天皇皇后狭穂《さほ》姫の御陵の伝承があったからだ（図10）。

箸墓古墳が後世に変形されていないとすれば、古墳築造期の本来の姿をよく残す、日本初の

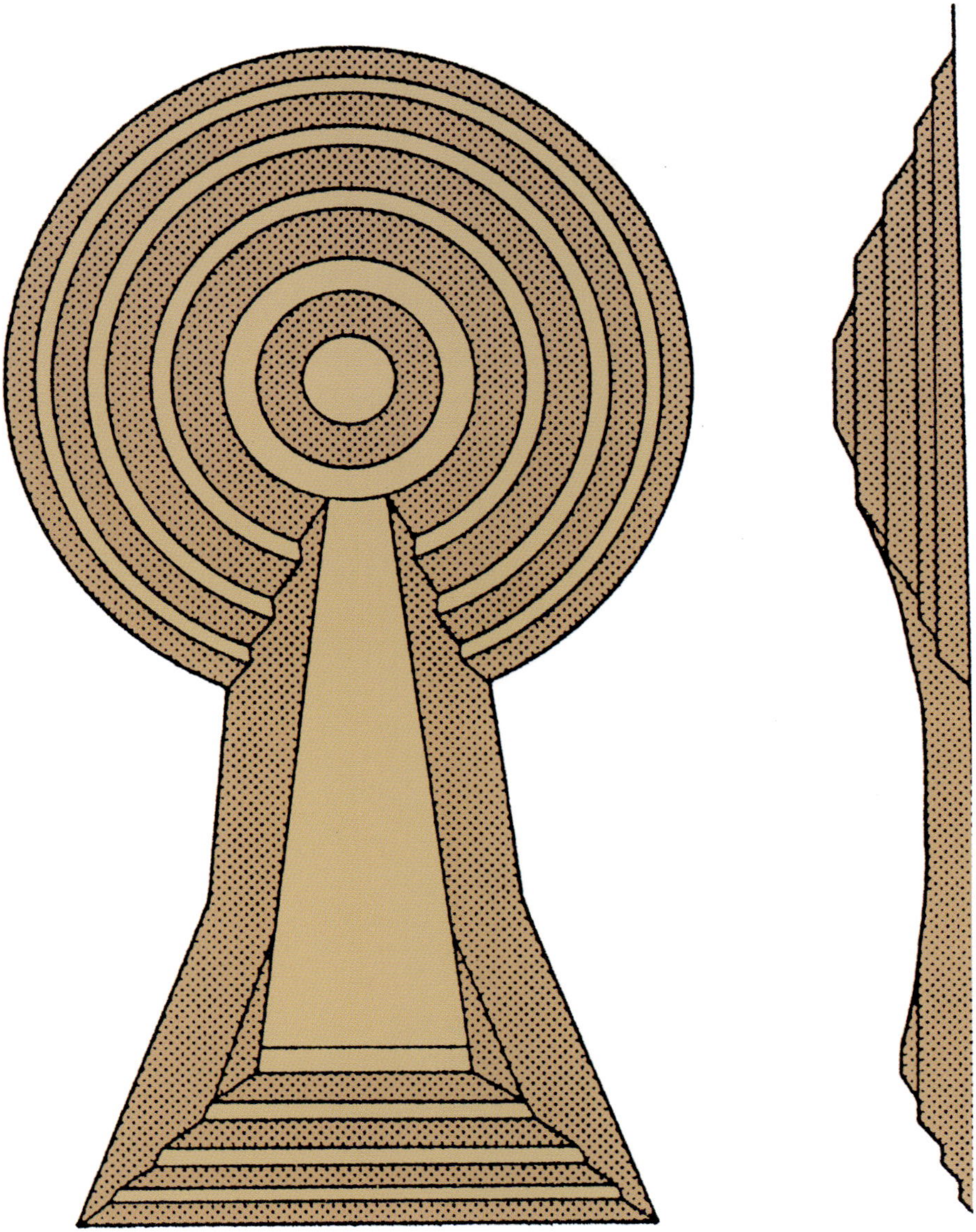

図９ ● 箸墓古墳墳丘の段築想定復元図
後円部は５段積み、前方部は３段積み、バチ形の前方部先端部分は、
４段積みの墳形とみられる。国立歴史民俗博物館の資料による。

茅原大墓古墳

図 10 ● 丸池と茅原大墓古墳、毘沙門塚古墳
丸池は、織田信長の弟・有楽斎の子孫が芝村陣屋をつくったとき、水源を確保するためにつくられた貯水池。すぐ北側の茅原大墓古墳を破壊せず、西側の毘沙門塚古墳を削って堤を積んだ。茅原大墓古墳が垂仁天皇皇后の狭穂姫陵との伝承があったからだ。

本格的な段築技法や葺石を採用した古墳といってよい。

後円部には土饅頭状の高まり

後円部側は四段の平坦面をもって、頂上には土饅頭状の高まりがのっていると聞く。これが当初からのものか、後につくられたものかはわからないが、天理市西殿塚古墳の公開されている墳丘図からは、前方部と後円部に方形壇が認められるため、そのようなものがあってもよいと考える。

箸墓古墳のものが円形壇であるならば、次に築造されたと見られる西殿塚古墳が方形壇となり、桜井茶臼山《さくらいちゃうすやま》古墳が壺形土器を方形にめぐらし（図11）、桜井市阿部・高田のメスリ山古墳は方形に円筒埴輪を樹立する（図12）。墳頂はこのように変化していくものか。

西殿塚古墳も南北朝から戦国時代にかけての古戦場地帯にある。しかし、そばの中山大塚《なかやまおおつか》古墳や東殿塚古墳が砦《とりで》等として手を加えられているのに対し、箸墓古墳と同じように西殿塚古墳は外見からは顕著には変化が見られない。ここも継体天皇皇后手白香皇女陵《たしらかのひめりょう》としての伝承があったためであろうか。

前方部側面にも段築の可能性

図9の段築想定復元図の前方部側は、正面は四段築造であるが、側面には段が見られない。

しかし、一九九八年秋の台風九号が大和平野の真ん中を通過し、主に風による大被害がもたら

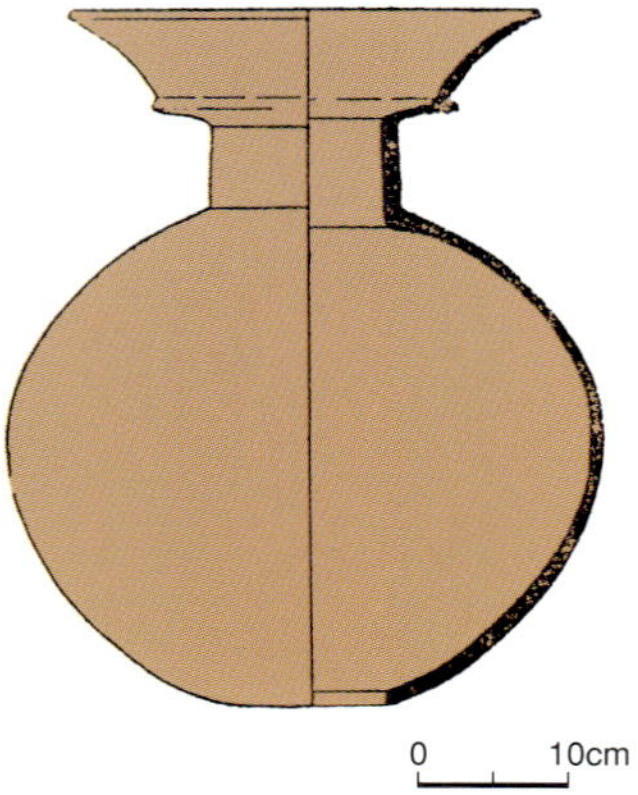

大和型複合口縁壺

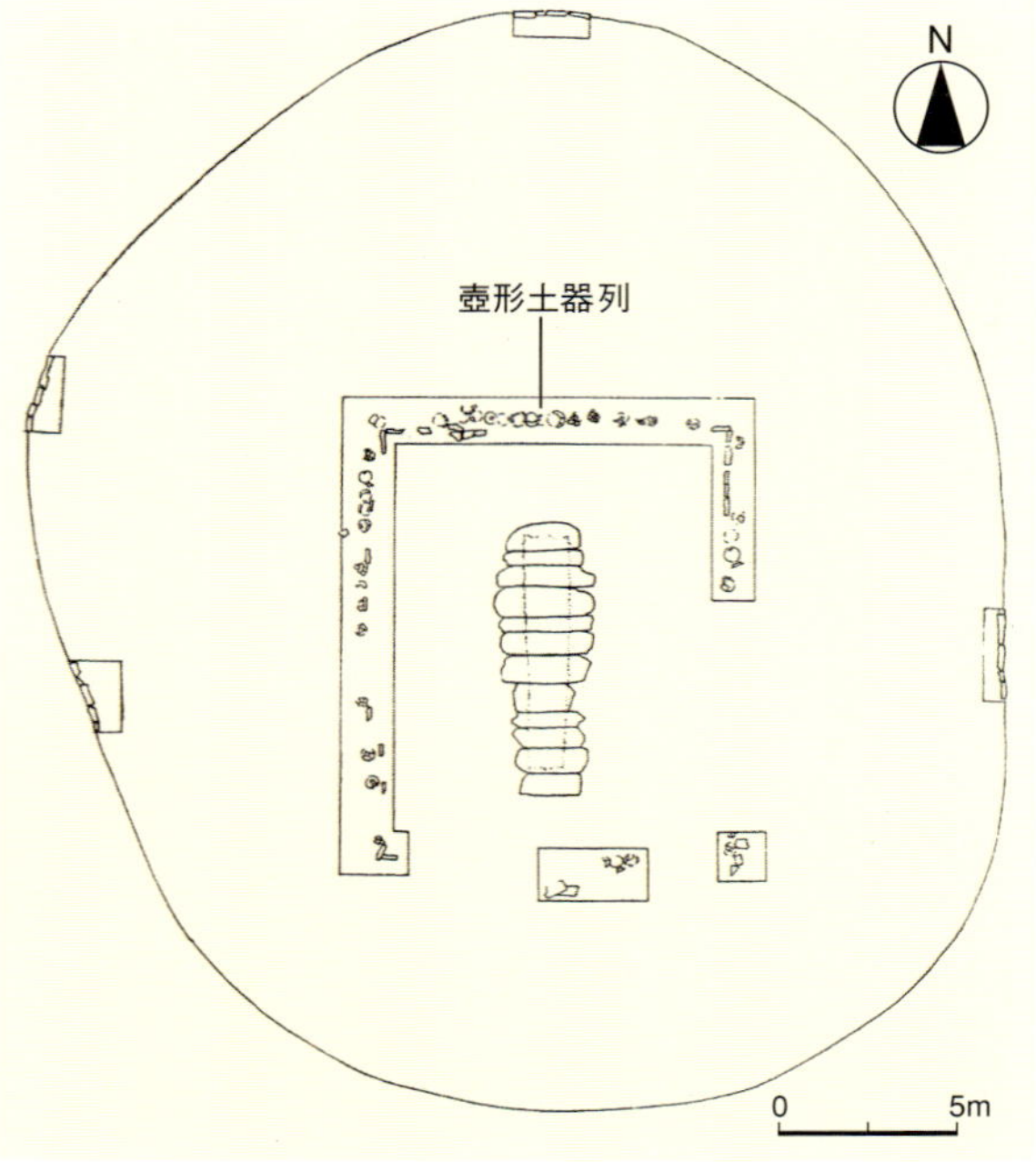

図 11 ●桜井茶臼山古墳と墳頂部の壺形土器の配置
丘尾切断型前方後円墳の典型とされ、後円部頂には、竪穴式石室の周囲に、方形に大和型複合口縁壺が並べられた。

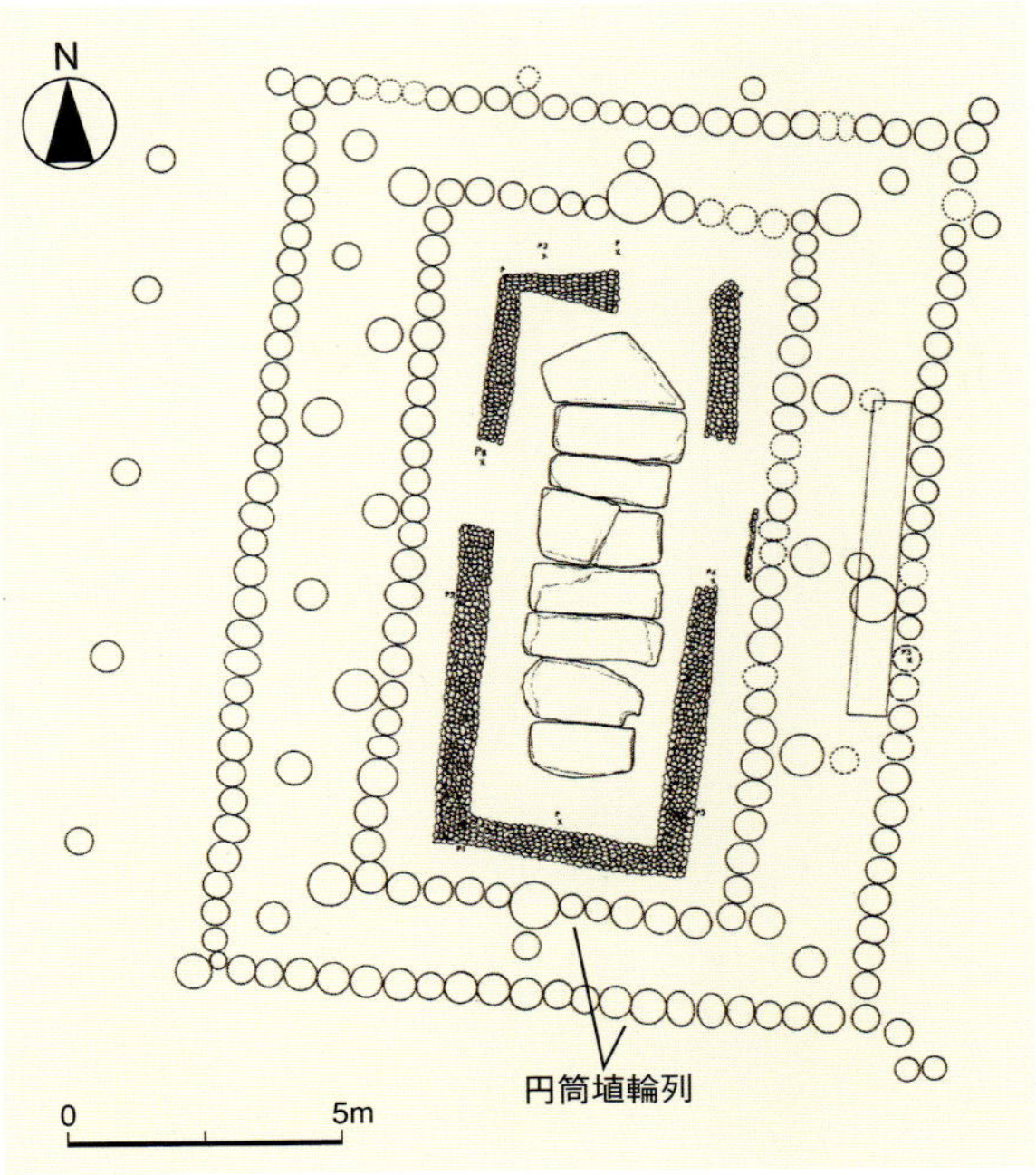

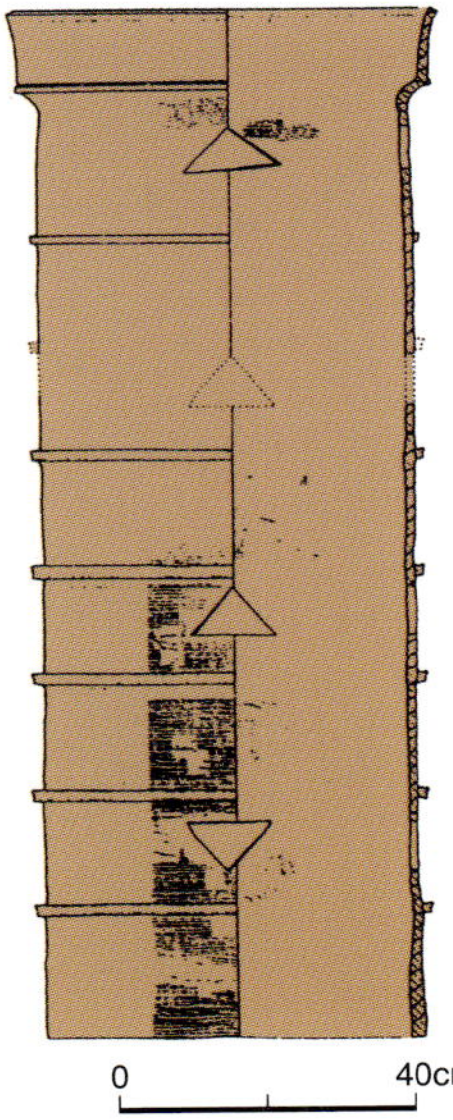

大型円筒埴輪

図 12 ● メスリ山古墳と墳頂部の円筒埴輪の配置
独立丘陵を整形してつくられた前方後円墳。後円部頂には、 竪穴式石室の周囲をめぐって大型円筒埴輪が方形に二重に立てられていた。写真の手前が平野側。

された。箸墓古墳も、墳丘の一〇〇年以上の樹齢をもつ巨木が軒並み倒れ、墳丘の地面がなかまで見通せたときに、前方部側面も明らかに何段かの段丘があるように見えた。内部の立ち入りや、平面実測等が不可能な現状では、これ以上のことはいえない。

箸墓の正面は纒向側

最後に一つ、一九九五年春の箸中大池の第八一次発掘調査に際して、前方部北側の側面で池の下の部分から、河原石を使った葺石帯が検出された。これを含めると、前方部墳丘は四段となるのだが、南側の側面の調査ではこのような葺石は使われておらず、北側部分のみの状態である。

このような葺石の葺かれ方は、以前にメスリ山古墳前方部北斜面の調査でも見られたもので、これは古墳がどちら側から見られるのかを意識していたことを示したものであろう。つまり、メスリ山古墳では北側の大和平野を意識し、箸墓古墳では北側の纒向側から見

図 13 ● 纒向側から見た箸墓古墳
北の箸中大池の北西隅から見た箸墓古墳。池の下からは、葺石を葺いた面が、もう一面出てきた。左端は三輪山山頂。

られることを意識したものであろう（図13）。箸墓古墳の正面は、いまでこそ南の芝地区や大神神社側であるが、築造当時は北の纒向側であったのだ。メスリ山古墳でも前方部は北の平野側は三段に、南の高田側は二段につくられている。

4　埴輪

吉備地方にルーツをもつ特殊器台

箸墓古墳から出土する埴輪は、考古学上の用語からすれば特殊器台と呼ばれる。円筒埴輪に移行するまでの過渡期のものと考えられる。宮内庁書陵部によれば、それは後円部周辺から出土しており、前方部側からは特殊器台はわずかしか見られず、特殊大型壺の破片が少し出土したとの報告がある。この特殊器台のルーツをたどれば、吉備地方の弥生時代の首長層がつくった墳墓とみられる墳丘墓の周辺から出土することがわかる。お供えの壺と器台が大型化し、表面の文様に組紐《くみひも》を想定する弧帯文《こたいもん》がデザイン化してつけられ、まるで帯でがんじがらめに縛りこんだ魂の束縛を意図するようなものである。これは、死者の魂が黄泉《よみ》の国から現世に浮遊して来ないようにとの願いであったものだろうか。

吉備地方では、その文様が年代によって編年ができるとされ、立坂《たてさか》型・向木見《むこうきみ》型・宮山《みややま》型そして都月《とつき》型（この形式は初期埴輪に含められる）に分かれる（図14）。

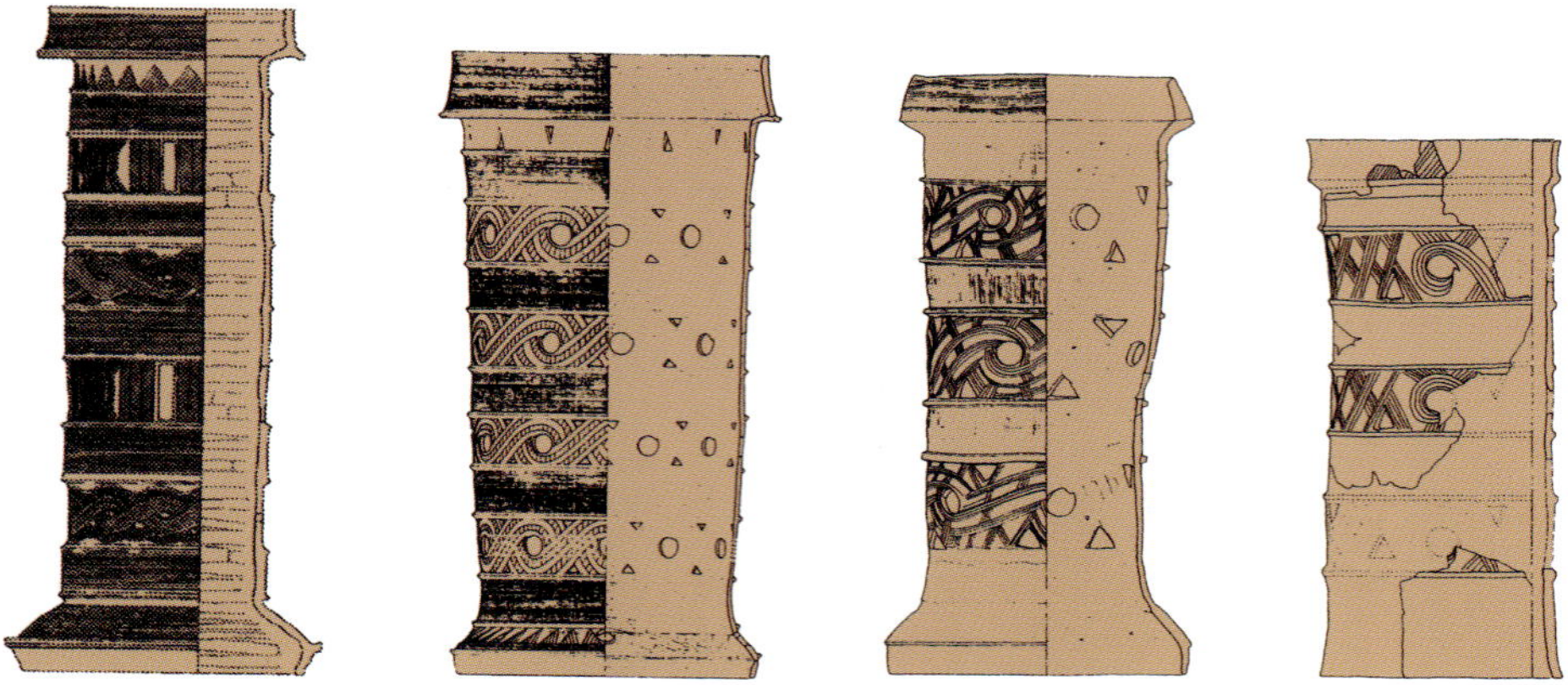

1　立坂型
（総社市立坂弥生墳丘墓）

2　向木見型
（三次市矢谷弥生墳丘墓）

3　宮山型
（総社市宮山遺跡）

4　都月型
（岡山市都月坂1号墓）

吉備地方の特殊器台

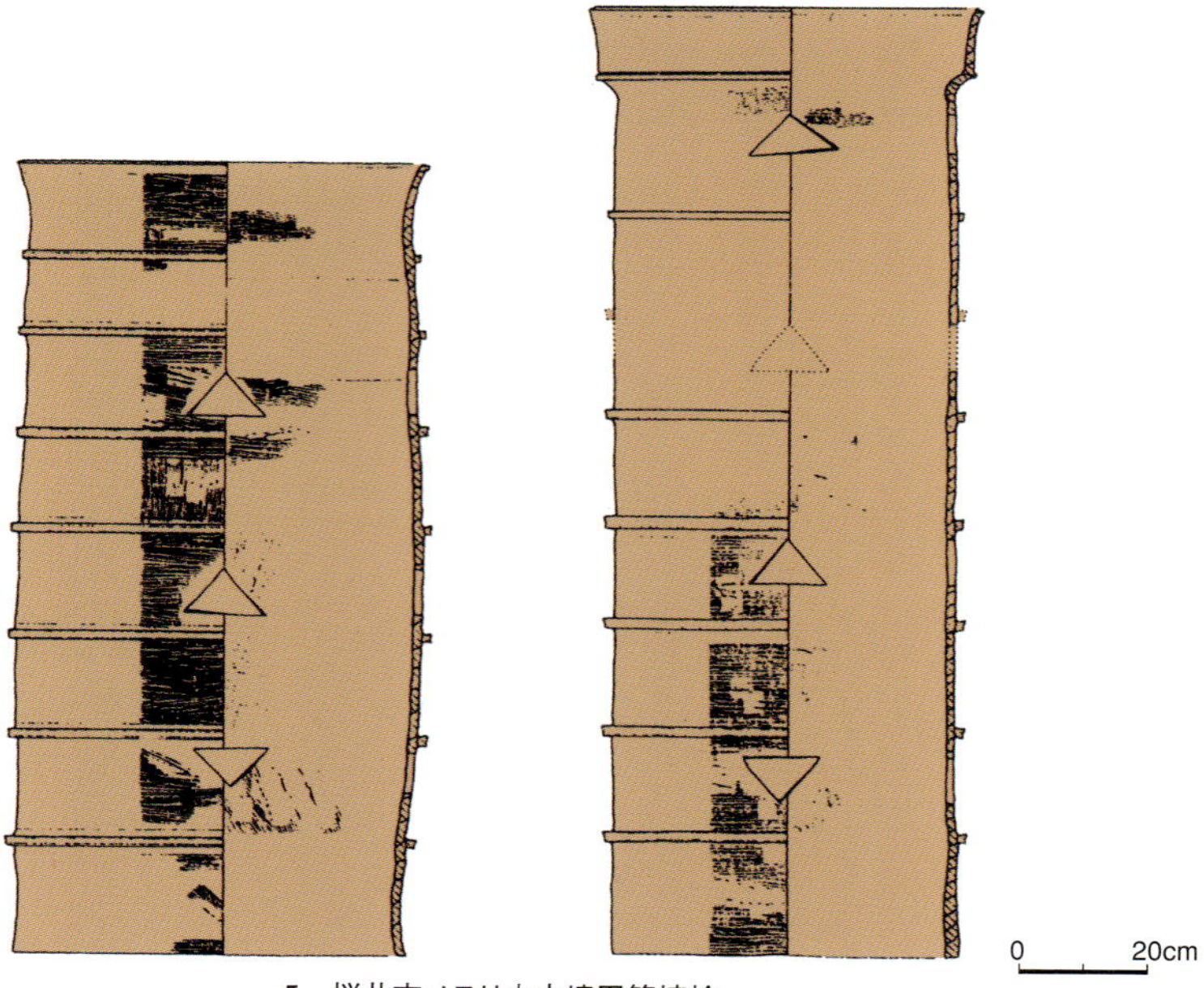

5　桜井市メスリ山古墳円筒埴輪

図 14 ● 吉備地方の特殊器台から大和のメスリ山古墳の円筒埴輪への変遷
器台の形態もさることながら、表面に描かれた弧帯文様が大きく変化し、
畿内に入ると形式化してゆくことがわかる。

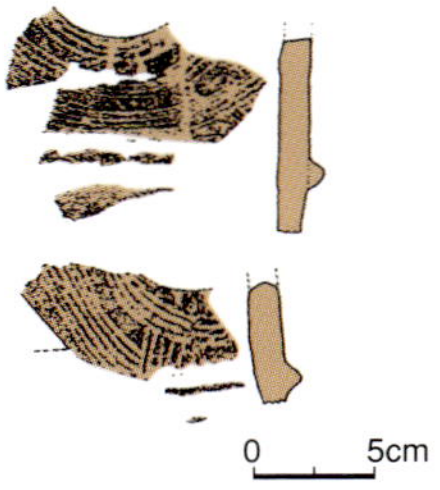

1　中山大塚古墳出土（天理市）

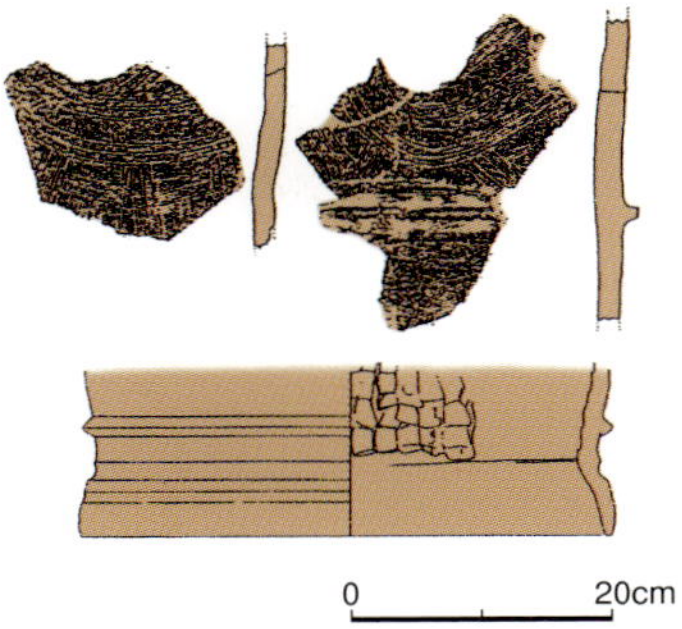

2　箸墓古墳出土

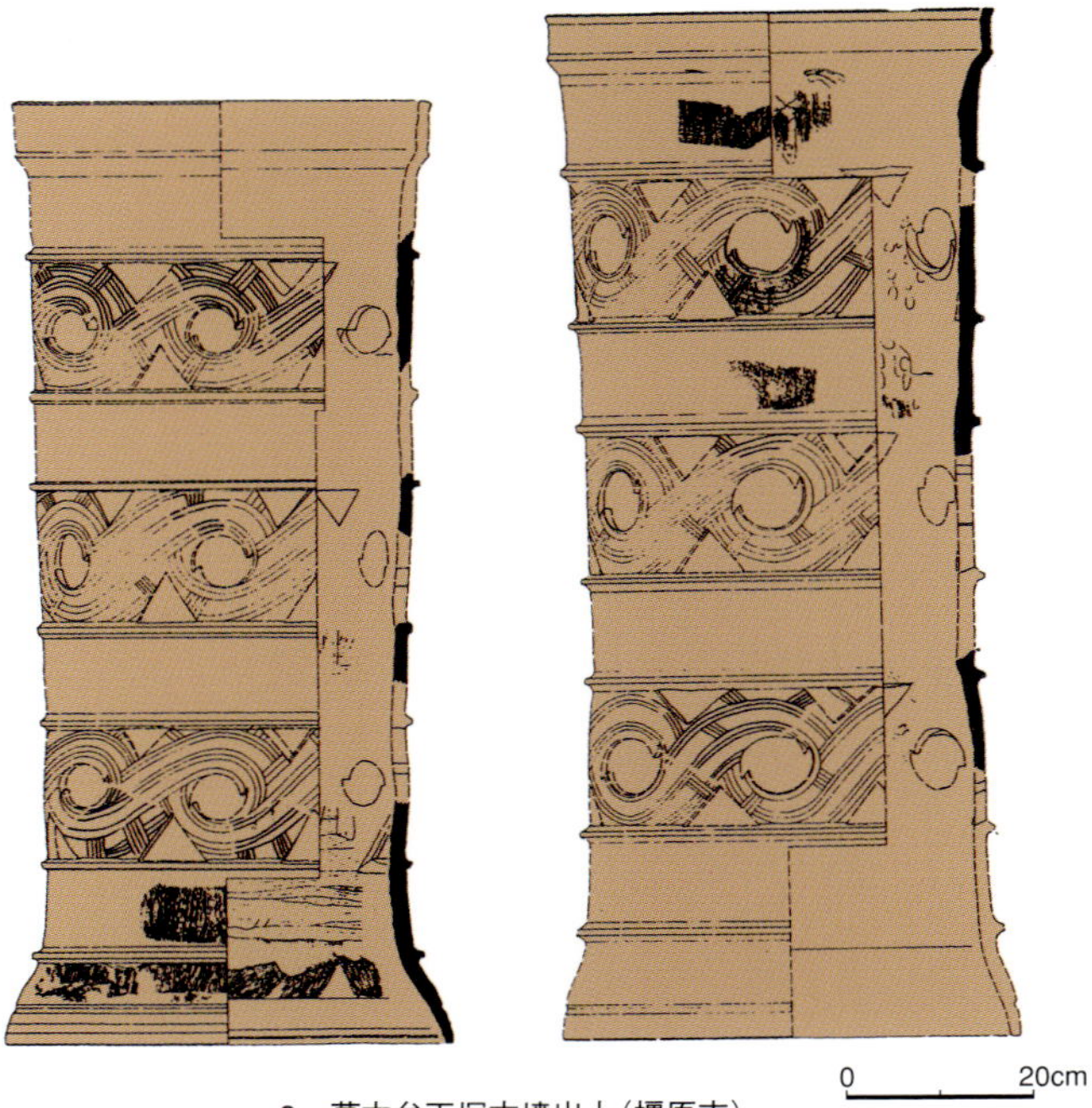

3　葛本弁天塚古墳出土（橿原市）

図 15 ● 大和の特殊器台
器形は宮山型から都月型へ変化する過渡期の形態を示すが、
文様は都月型に近い省略形である。

大和の特殊器台

特殊器台は、大和では箸墓古墳を筆頭として、小片を含めると六カ所の遺跡と古墳で発見されている（図15）。その多くが大和《おおやまと》古墳群のなかにあり、それらの形式差は吉備地方のように明瞭ではない。葺石の項で紹介した奥田によれば、「玄武岩の割れ石が出る所では特殊器台が有り、安山岩での所では埴輪になる」との目安を述べたことがある。

箸墓古墳の特殊器台は、山陽地方の特殊器台編年でいくと宮山型に属し、同時に都月型もあると近藤義郎《こんどうよしろう》は主張している。後円部からは宮山型の特殊器台が、前方部からは都月型のものが出るとの宮内庁の発表資料もある。このことは、箸墓古墳のなかで宮山型特殊器台を使っての祭祀の後、都月型を使った祭祀がおこなわれたと考える研究者に支持されるが、大和のなかから出土した特殊器台の文様を見る限り、両型式が同時に持ち込まれたことも考える必要があるだろう。

いまのところ、特殊器台は箸墓古墳の後円部の墳頂あたりに立て並べられていたとしか推定の域を出ないが、まともに墳丘に立て並べられていたことが推定できたのは、大和では橿原市弁天塚古墳のみである。以前箸中大池の南岸で、特殊器台の破片が採集できたことがあったが、墳頂のみに立てられていたのであれば二〇メートル近い高さのある池裾まで落ちるだろうかとの疑問も出されており、これも墳丘の内部調査が許可されるまで謎のままであろう。少なくとも、大和の前方後円墳で円筒埴輪の祖となる特殊器台が立てられていたなかでは、最古最大の墳墓であり、当然、吉備地方の墳丘墓とのつながりが推定できるところである。

第３章　副葬品を推理する

箸墓古墳の出土品については、先にも述べたように周辺の濠部分の調査しかなされておらず、墳丘内での発掘調査があったかどうかは、宮内庁書陵部からの発表はない。そこで推定ではあるものの、箸墓古墳出土品の可能性があるものについて述べてみたい。

1　鏡・玉・剣

伝ホケノ山古墳出土鏡

鏡については、三輪山の西麓・大神《おおみわ》神社と東京の國學院大學に、ホケノ山古墳出土といわれる画文帯神獣鏡《がもんたいしんじゅうきょう》と内行《ないこう》花文鏡《かもんきょう》が存在する（図16）。また箸中地区出土とされる内行花文鏡も、國學院大學に所蔵されている。いずれも、手にとっての観察ではないものの、完形品か大きく二～三片に割れたものを継いだものである。

しかし、ホケノ山古墳の埋葬施設から出たものであれば、第4章で説明するように十数片にこまかく割れているはずである。ホケノ山古墳では、木製の天井に積まれた河原石が落下した際に、小さな銅鏃ですら割れたり折れたりしているのだから、大きくて平坦な鏡があの落下してきた石礫群に当たったら、割れないはずがない。ホケノ山古墳の発掘調査結果が出るまでは、それらの鏡がホケノ山古墳出土であることに疑問をもたれなかったが、いまそれは違うのではないかと考える研究者がふえている。とすればどこのものか。三角縁神獣鏡《さんかくぶちしんじゅうきょう》が混じっていれば、大和《おおやまと》古墳群中の比較的新しいといわれる渋谷向山古墳でも、行灯山古墳の出土でもよいが、伝ホケノ山古墳といわれるこれらの鏡は、三角縁神獣鏡が混じっていないために、それらよりも古い古墳から出土したことを考えねばならない。

大和古墳群の南端に位置する石塚古墳や勝山古墳（纒向西支群）の可能性もあるが、それらの古墳の埋葬時の副葬品が不明な今は、ホケノ山古墳のすぐ西側にある箸墓古墳を考えないわけにはいかない。箸中地区出土のみであれば、なおさらのことである。この鏡が國學院大學に入っていたことは、箸中地区の南の芝地区が故・樋口清之《ひぐちきよゆき》（國學院大學名誉教授）の生まれた所で、樋口は旧制畝傍中学を卒業するまでこの地に住んでおり、その後も大神神社との強いつながりをもっていたため、何かの機会に入手して大学に置いたものかと思われる。

箸墓古墳の副葬品のなかに、画文帯神獣鏡や内行花文鏡があったとしてもなんら不思議ではない。この地域では、三角縁神獣鏡が出土しないことに意義がある。後にもふれるが、この地域では初期大和政権に関係する人びとによって墳墓がつくられている。中国から輸入された鏡

図 16 ● **伝ホケノ山古墳出土の内行花文鏡**（径 23.2 cm）
大きく真ん中で割れてはいるが、ホケノ山古墳出土の画文帯神獣鏡ほどこまかくは割れていない。中国後漢時代に流行した型式である。

は、後漢・三国時代に流行したものが出土するのは当然のことである。中国の同時代に出土しない鏡が日本で出土するはずがないとわたしは考えている。

纒向遺跡出土の玉

玉は、今のところ箸墓古墳出土のものは不明である。が、纒向遺跡のなかで、第三八次調査の狭いグリッドの出土品に、碧玉《へきぎょく》の管玉《くだたま》未製品と滑石《かっせき》の未製品が含まれていた。ともにわずか一点ずつではあったが、遺跡のなかで玉作工人が存在したことの証《あかし》として重要視される。纒向遺跡の調査者の一人で、なおかつ日本最大の玉作工房跡であった橿原市曽我《そが》遺跡の発掘調査を担当した橿考研所員の関川尚功《せきがわひさよし》が、苦心して見つけたものだ。

これらの玉は、纒向2～3式期の土器とともに発見された。特に滑石については、従来の滑石使用の時期が四世紀末～五世紀前半とされていただ

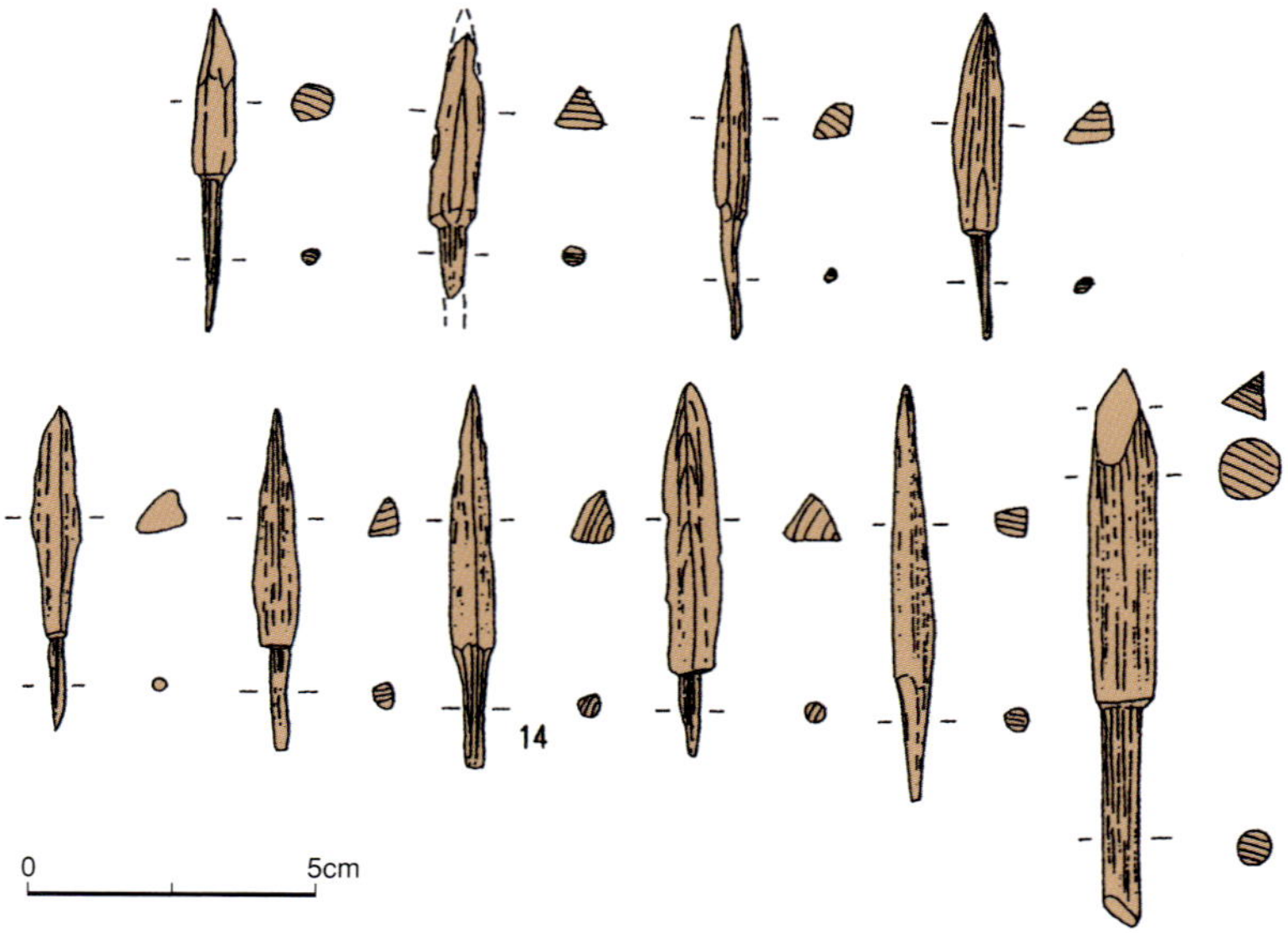

図 17 ●纒向遺跡出土の木製鏃
実際には武器としては使用にたえない木製の鏃だが、白色に塗って金属器に似せて、威嚇的に用いたものか。

けに、三世紀の後半段階で滑石製品がつくられていることに注目したい。それは、三輪山祭祀に大量の滑石製品が用いられ、その工房も大神神社の「郷域」内である上之庄《かみのしょう》遺跡などから発見されており、すでに三世紀にその兆候が認められると見られるからである。このほかにも、第五一次調査で緑色の碧玉小片が出土している。製品としては、碧玉の管玉やガラス小玉が少量見られる程度である。

ホケノ山古墳出土の武器

武器についても、箸墓古墳からは未発見である。隣のホケノ山古墳から素環頭大刀《そかんとうのたち》一本、直刀一本、鉄剣六本以上が出土したことが注目されるくらいである。田原本町の弥生時代の遺跡である唐古《からこ》・鍵《かぎ》遺跡からは木製の剣や戈《か》が出土しており、金属製品にあこがれた人びとが木製の模造品をつくったのであろう。金属製品は大和では手に入りにくいものであったと思われる。纒向遺跡からは剣形木製品などは見つかっていないが、鉄鏃や銅鏃の模造品である木製鏃が、十数本見られる（図17）。やはり、入手しにくい金属製品へのあこがれであったかと考える。

2　土器からわかる古墳の年代

箸墓古墳の土器の年代

大和の弥生時代末から古墳時代の初頭にかけての土器の編年（図18）は、纒向遺跡の発掘調

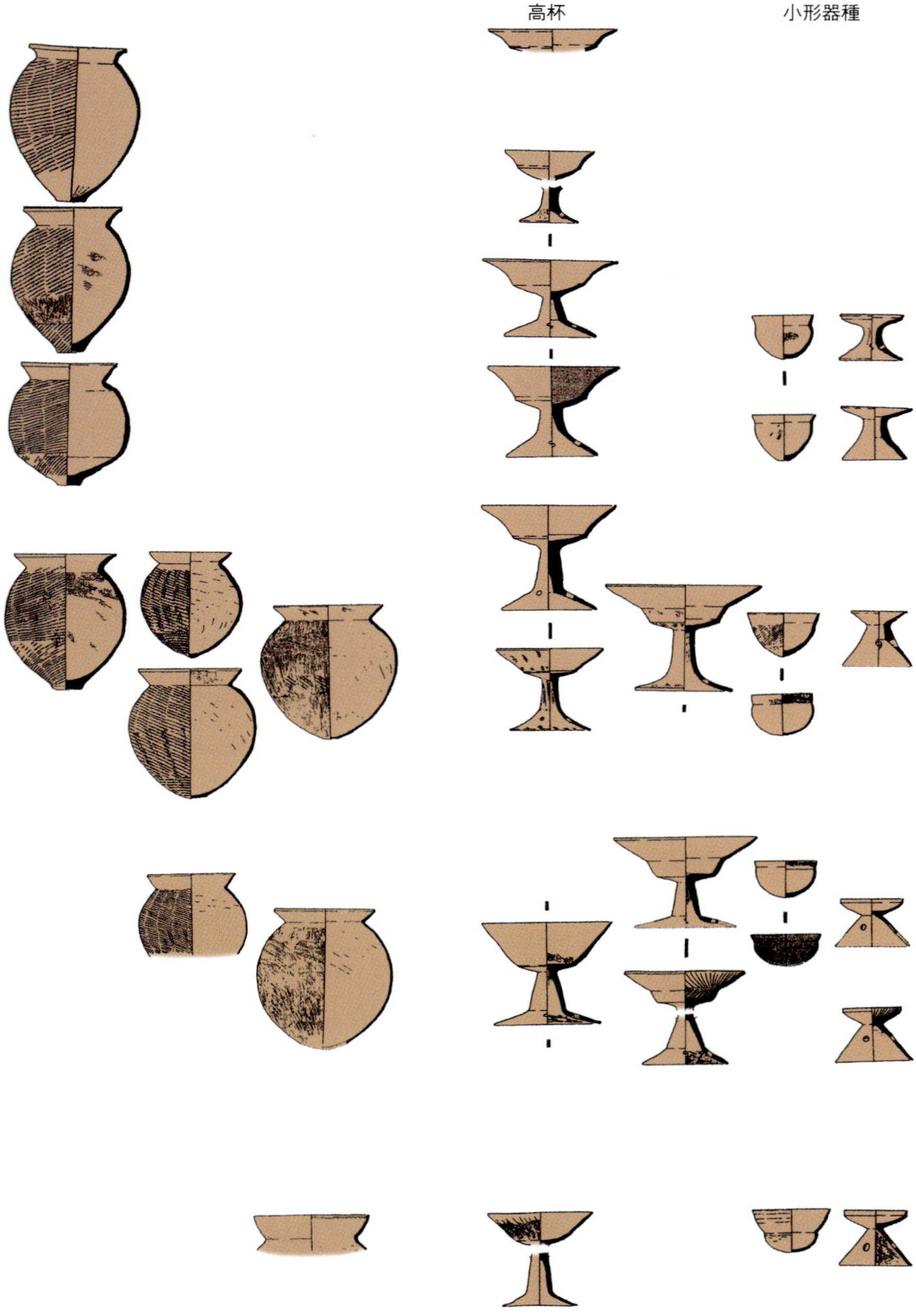
高杯
小形器種

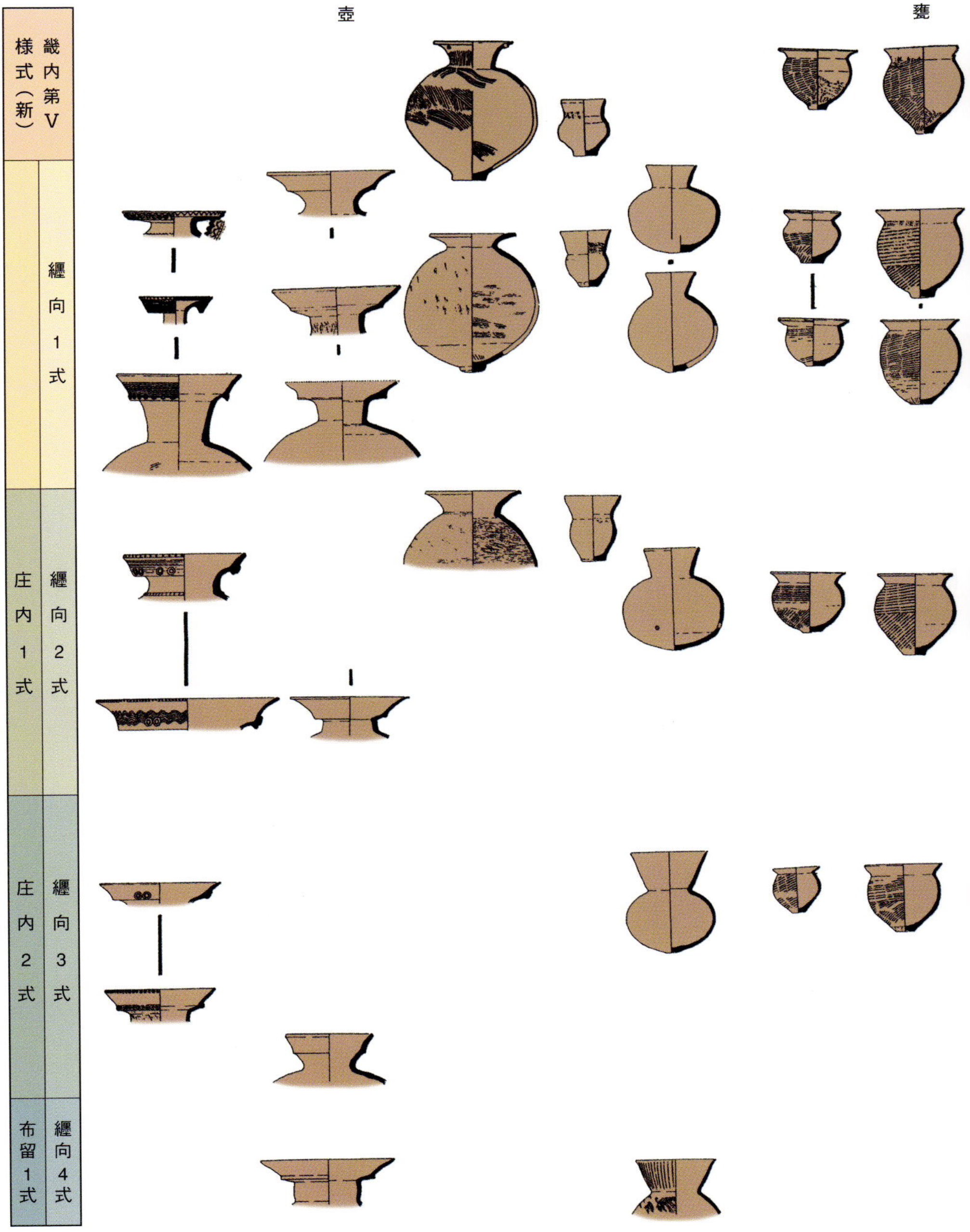

図18 ● **纒向1～4式期までの土器の編年**（報告書の編年表から抜粋）
近年、新しい纒向遺跡の編年表も出ているが、原則的に報告書の編年表でよいと考える。

査の成果として発刊された『纒向』（一九七六年橿原考古学研究所編・桜井市教育委員会刊行）のなかで、関川が大論考を発表して「確立」したといってもよい。その後、別の遺跡の調査成果による編年や、纒向遺跡編年の変更がほかの人によってなされたものの、大筋としては大差がない。

しかし、この編年を実年代にあてはめる段になると、約五〇年の差が出てくる。年輪年代法を活用すれば纒向1式土器は二世紀末（〜三世紀初め）となるが、関川の考えでは1式は三世紀の中葉となる。

箸墓古墳の発掘調査で、土器がもっとも多く出土したのは第八一次調査時で、周濠内から発見された。この土器類を見ると、纒向3式期の範疇でとらえられるものが多く、調査者の寺沢《てらさわ》薫《かおる》は3式期でも後半段階として布留0式との名称で呼んでいる。布留0式とは、布留式に入る直前の時期をさし、それ自体は庄内式のなかに含まれるものである。岡山の倉敷考古館の間壁《まかべ》忠彦《ただひこ》・葭子《よしこ》が、岡山の土器編年でプロローグ酒津《さかつ》式（プロ酒津）、エピローグ酒津式（エピ酒津）という呼び方をしたが、布留0式は、まさしくプロローグ布留式にあたる名称であった。

これらの土器は箸墓古墳の周濠から出土した土器であるので、混入も考えられなくはないが、寺沢は大筋では纒向遺跡3式期の後半、つまり布留0式期としたものである。

寺沢は今のところ、この土器の年代を三世紀後半としている。これに対し、年輪年代の支持者を中心にこの土器を三世紀前半（第2四半期）と考え、邪馬台国女王・卑弥呼の径百余歩の墳墓に比定しようとの考えが大勢を占めている。このことについては、第5章で述べよう。

多いのは東海系の土器

これらの土器のうち大和でつくられたのではなく、よそから持ち運ばれたとみられる土器の比率は二〇～三〇パーセントで、その五〇パーセントは東海系の土器が占める。残りは河内や近江、山陰と阿波地方などで、吉備地域の土器は少ない傾向にある（図19・20）。これらのパーセンテージが何を意味しているのかを考えてみた。

桜井市茶臼山古墳の北二〇〇メートルの地点（城嶋《しきしま》遺跡下田《しもだ》地区）から、多量の土木用木製品とともに大型の甕類がたくさん出土し、その大半が東海系のS字口縁甕で、山陰や北陸系甕がそれに次ぐ出土量であった。

大型甕は、土木工事のために連れてこられた地方の作業員の出身地をあらわしているのではないかと考えた。そう考えると、茶臼山古墳の築造には東海地方の人びとが半分以上

図 19 ● 纒向遺跡出土の全国各地からの搬入土器
箸墓古墳北側の、第 81 次調査時発見の周濠内にも、このような各地から持ち運ばれた土器の破片が数多く出土している。その数は、古墳築造時に動員された地方の人びとの数を、ある程度反映したものだろう。

かかわり、次いで山陰や北陸の人びとが多く、地元や大阪周辺の人びとは少なかったことを意味していると思われる。

箸墓古墳には、茶臼山古墳と同じように各地の土器が集まっているが、大きさや形態に大きな特徴が見られない。このことから箸墓古墳の築造にたずさわった人びとを類推すると、茶臼山古墳ほど明快に古墳築造従事者の地域性を探ることはできないが、東海地方の人びとが多いという共通点をもつ。

吉備系土器

山陰系土器

庄内系土器

図 20 ● 吉備・山陰系土器と庄内系土器
吉備系土器の甕は、やや立ち上がる口縁と内面のヘラ削りが、山陰系土器は口縁部が立ち上がり、内面ヘラ削りの特徴をもつ。畿内の庄内式土器の甕は、それらの特徴を兼ねそなえ、内面ヘラ削りされたこの時期いちばん軽い甕である。

3　馬の存在

木製の馬具

二〇〇一年八月、箸中地区の旧家・山本家の旧宅を取り壊し、新築工事をおこないたいとの話がもち込まれた。文化財保護法の発掘届が提出され、家屋解体後に桜井市教育委員会が発掘調査を実施した（第一〇九次調査）。

場所は、箸墓古墳の後円部南東隅に隣接し、古墳周濠並びに上《かみ》ツ道《みち》が通っていると推定される所である（図6参照）。

発掘の結果、狭い範囲からではあったが、箸墓古墳の周濠の一部分と、両側に河原石を積んだ土橋を検出することができ、濠の外側約二〇メートルは平坦面であったことが判明した。その濠内から出土した遺物のなかに、一個の木製品があった。

輪鐙《わあぶみ》とよばれる馬具である（図21）。馬に乗るときに用いる足掛けで、近年少量ではあるが西日本を中心として出土しており、五世紀以降の日本的な馬具として注目されていたものであった。それが箸墓古墳の周濠の最下層ではないものの、後の六世紀の洪水で滞積した砂礫層の下の黒色泥炭層から検出されたのである。その層に含まれる土器片はすべて、四世紀のはじめ頃の纒向４式（布留１式）期の土器で

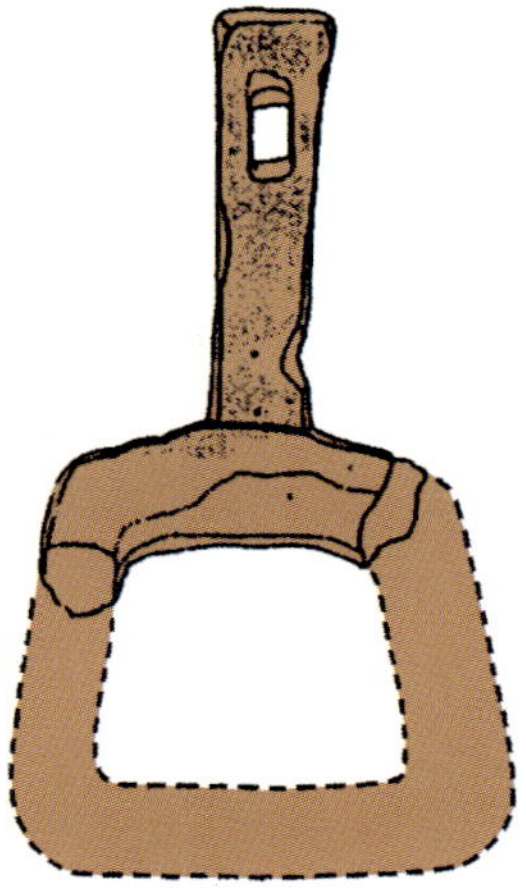

図21 ●輪鐙の復元図
４世紀代の土器片とともに出土した木製の輪鐙。実用品で、馬が存在したことを証明している。

あった。土層を信用するならば、考古学者の誰もがその時期を考えるだろう。

馬の存在

ここで注目されるのは、石塚古墳や勝山古墳の濠のなかからは、祭祀用の木製品と思われるものが出土して注目を浴びたが、箸墓古墳の濠内では日常使用品（と言っても、馬具など高級貴族しかもてなかったものであるが）が棄てられた状態で出てきたのである。その横は、当時の国道一号線ともいえる上ツ道であれば、棄てられていてあたり前と思える場所である。が、いろいろな難問が学界の先輩方から出されてきた。

まず、四世紀に我が国に馬がいたとの説に、学界はきわめて否定的であった。上ツ道も四世紀の頃にはなく、飛鳥時代につくられたものとの説が強かった。しかし、すべて偶然の発見であったかといえば、あまりにもできすぎている。

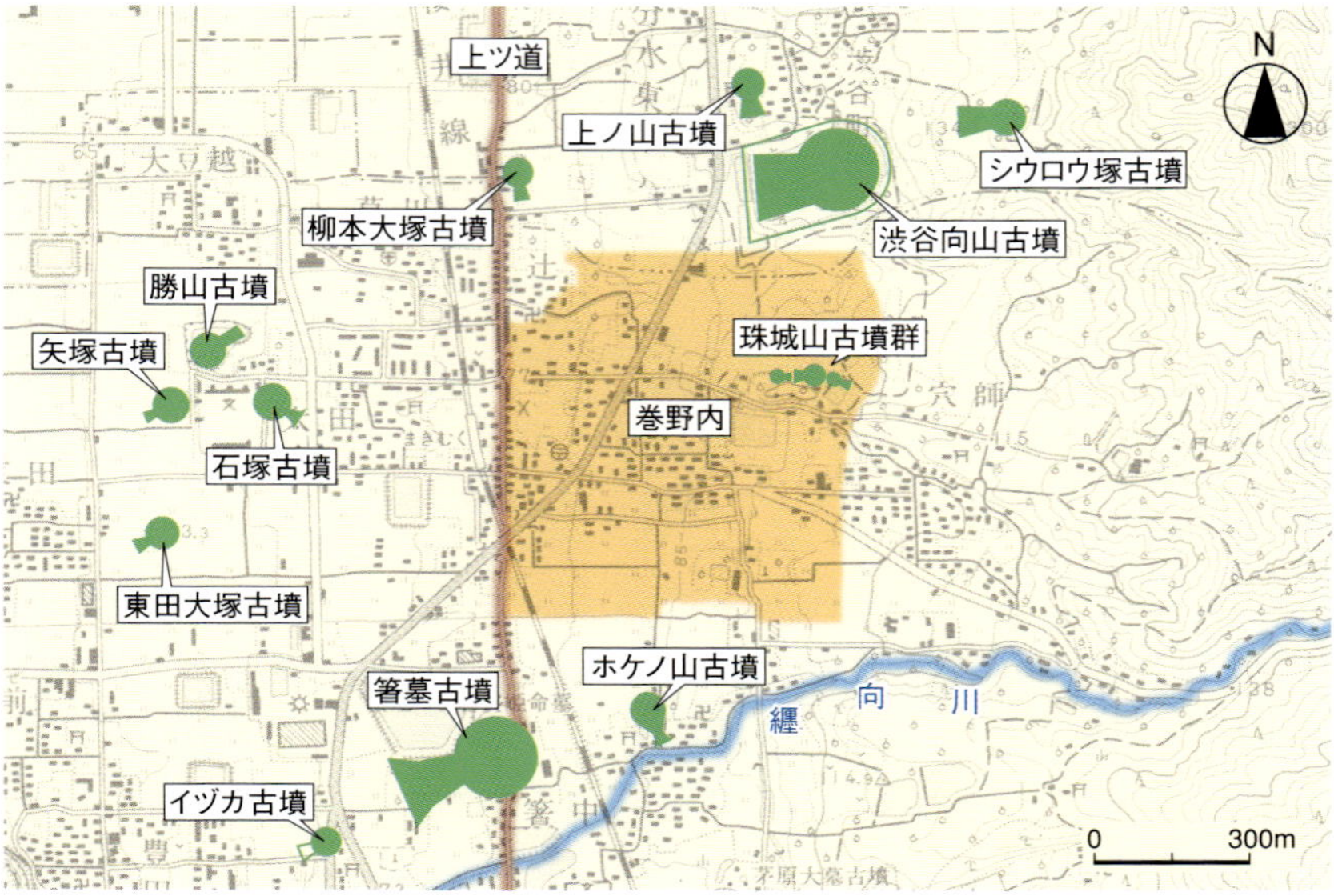

図 22 ● 巻野内地区
纒向の中心は、旧巻野内村をいい、「纒」は馬に関連した地名と考えられる。

わたしは両方が四世紀にはすでに存在していたものとの仮説を立ててみた。つまり、上ツ道とは馬を走らせるためにつくられた一直線の道路であったと考えた。そこに数は少ないながらも馬が走り、その馬を飼いならすための場所、「牧」が存在したと見て、周辺の地名をあたってみた。箸中地区の北は巻野内地区（図22）で、これは明治になってつくられた地名であるが、「まき」の内である。

この「まき」とは何か。纏向の「纒」は「纏」の略字とされる。『日本書紀』に記載されている、垂仁天皇の「纏向に都つくる。是を珠城宮《たまきのみや》と謂《い》ふ」と、景行天皇の「纏向に都つくる。是を日代宮《ひしろのみや》と謂ふ」の「纏（まき）」につながると考えられる。

「纏」とは『大修館新漢和辞典』によると、竿の先に種々の形のものをつけ、その下に馬簾《ばれん》（厚紙や皮を細長く裁ち、飾りとして竿の周囲に吊り下げる物）などをつけたものとある。本来の語源は「馬の飾」が元になっているかと思われる。

「纏」が馬の「牧」につながると仮定すれば、日本初の牧がこの地に存在したと考えられる。とすれば、紀に「御肇国天皇《はつくにしらすすめらみこと》」と書かれ、事実上初代の天皇との所説もある崇神《すじん》天皇の前後の時代から、馬はこの大和平野にもち込まれていたものであろう。数が少なく、また繁殖も容易でないとはいえ、『魏志《ぎし》』倭人伝に「牛馬無し」と書かれた直後には、日本にも乗馬用の馬が伝えられていたのではなかっただろうか。

第4章　周辺に広がる遺跡

1　閉じこめる墓・ホケノ山古墳

石積槨木棺墓

ホケノ山古墳（図23）は、箸墓古墳の東約二〇〇メートルの桜井市大字箸中字ホケノ山六三六番地他に位置する、全長約八〇メートル、後円部径約五五メートル・高さ約八メートル、前方部長約二五メートル・高さ約二メートルの「纒向型前方後円墳」である。

纒向型前方後円墳とは、寺沢が提唱した、全長、後円部径、前方部長の比率が3対2対1となり、前方部が三味線のバチ（撥）形に開く前方後円墳のことで、纒向遺跡のなかから出現し、初期の段階で全国に広まると規定した。

ホケノ山古墳の前方部はバチ形に開くものの、その先端部は旧河道によって削られ、正確な数値を測定するまでには至っていない。ホケノ山古墳は二〇〇〇年に、大和《おおやまと》古墳群発掘調査委員会（会長・樋口隆康《ひぐちたかやす》橿考研所長）の手によって墳頂部の調査がおこなわれ、後円部中央から石積槨木棺墓《いしづみかくもっかんぼ》が発見されて大騒ぎをしたものであった。

南北に長い石積槨（図24・25）は、全長約一〇メートル、幅約六メートル、高さは現状では一・五メートルを測り、天井にはいわゆる「天井石」がなかった。石槨内にはおびただしい河原石が充満しており、床面には六個の柱穴があったことから、天井部には丸太か太い板材でもって「蓋」をつくって、その上に大量の小型の河原石をのせたものと考えられる。

閉じこめる墓

山陽地方では、弥生時代後期に深い穴（土壙）を掘って木棺を埋葬する方法がとられた。土壙の上部は木材か丸太で天井にしたと見ら

図23 ● ホケノ山古墳
ホケノ山古墳は、天照大神をつれて元伊勢をめぐった豊鍬入姫命の御陵とされ、地元での信仰の対象とされたため、大きな盗掘をまぬかれた前方後円墳である。

図 24 ●ホケノ山古墳石積槨木棺墓全景
纒向川の河原石を積み上げて方形の石囲いの部屋をつくり、天井は材木を並べて蓋としたため、材木が腐ると、材木の上に積まれた河原石もろとも落下し、木棺が破砕され、なかの副葬品がつぶれてしまった。

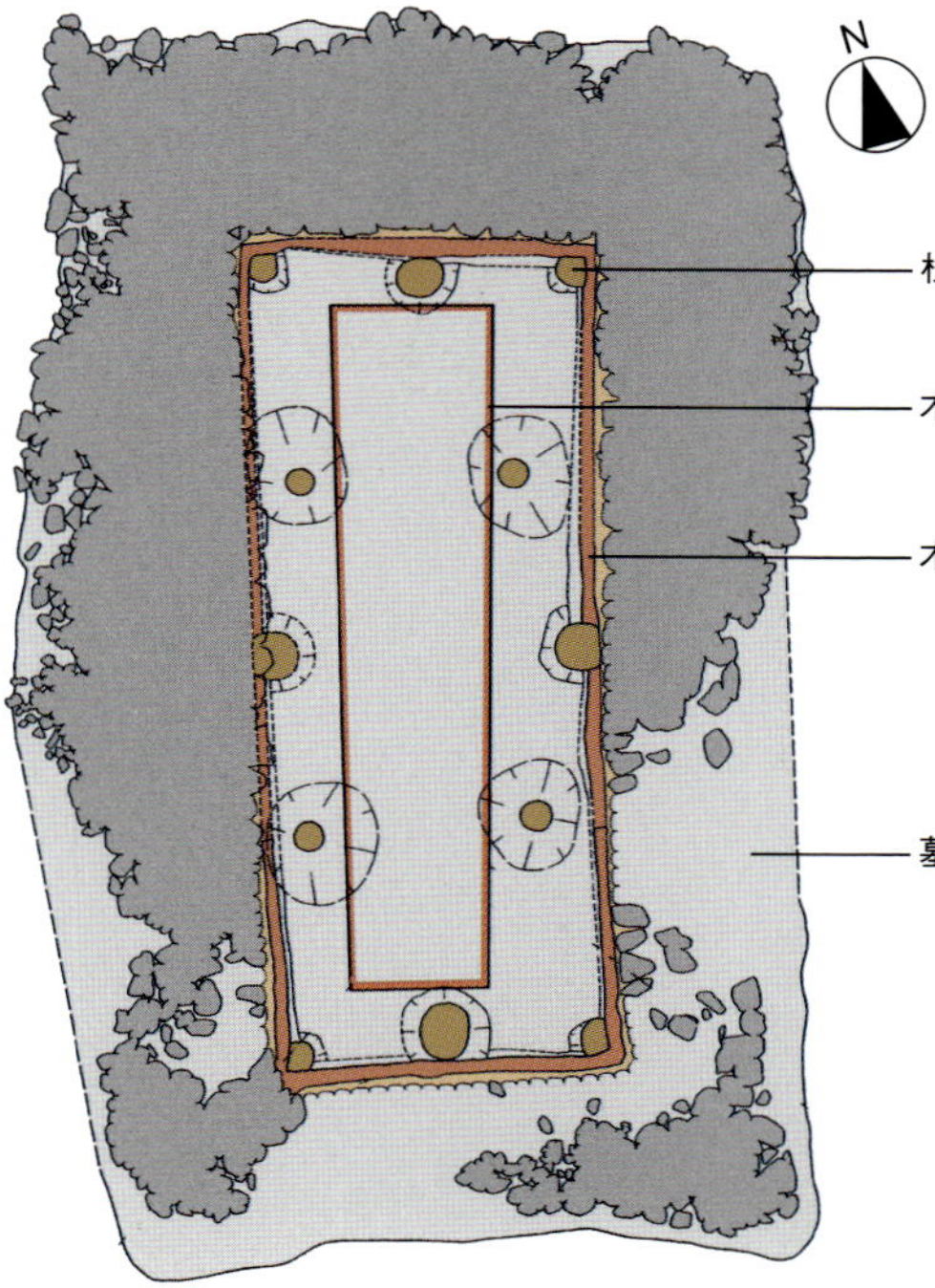

石積槨木棺墓模式図

壺形土器

図 25 ● ホケノ山古墳石積槨木棺墓模式図（上）**と復元模型図**（下）
石積みのなかに柱を立てて、板を並べた木槨がつくられ、そのなかに割竹形木棺が安置され、いずれも真っ赤な朱が塗られていた。上右は出土した壺。

れ、それが腐るとその上の土砂が下へ落ち込み、まるで被葬者の魂が棺や槨のなかから逃げ出さないように見える構造となっていた。棺や槨内は、真っ赤に朱が塗られていた。その一つの墳墓・倉敷市楯築《たてつき》遺跡からは、弧帯文様の石が出土しており、石に弧帯文をレリーフすることで、魂を閉じこめる表現を示したものと考えられる。

天井の木材が腐るまでの時間を計算したこの埋葬方法は、直接棺を土砂でおおうだけでは死者の空間が棺内のみになってしまい、死後の世界を形づくることができないと考えたものであろうか。少なくとも天井をつくるということは、槨内がしばらくの間空間として確保できることを意味する。その空間を必要とした考え方が、ホケノ山古墳の築造の際にとり入れられたものか。ホケノ山古墳では、棺内をがんじがらめにすることをより強調したいために、土砂ではなく河原石を用いたものであろう。

次の段階では、半永久的な空間をつくるために、天井に腐らない材料として石材が使われたものか。古墳の外からでは、まったく気づかれないし、見えない工作ではある。

一枚も出土しない三角縁神獣鏡

棺の中の副葬品にも、特徴があった。まず鏡であるが、天井から落ち込んだ河原石がぶつかったためにこまかく割れていたが、直径一九・一センチの画文帯神獣鏡と呼ばれる中国製の鏡が中央部で見つかった(図26)。このほかに内行花文鏡のかけらが数片出てきた。

天理市・黒塚古墳では、直径一三・五センチの画文帯神獣鏡とともに、三三枚出土した三角

図 26 ● **ホケノ山古墳出土画文帯神獣鏡**（径 19.1 cm）
10 片にも割れている鏡は泥を落とすと、みごとな中国製の鏡であった。

縁神獣鏡（図27）は、ここではひとかけらも出てこなかった。このことは、ホケノ山古墳の被葬者が中国産の舶載鏡《はくさいきょう》を持っていたものの、前期古墳の竪穴石室から多く出土する三角縁神獣鏡を持っていなかったことを意味する。ホケノ山古墳が三角縁神獣鏡を副葬する風習より前に築造された古墳であったか、ホケノ山古墳だけには三角縁神獣鏡を副葬されなかったかのどちらかと思われる。

　後にも述べるが、箸墓古墳・ホケノ山古墳築造

図 27 ●黒塚古墳出土三角縁神獣鏡
棺の外側・頭部分をおおうように、石槨の壁に立てかけて三角縁神獣鏡が33 枚並べられてあった。棺内の鏡は画文帯神獣鏡 1 枚のみであった。

以前の古墳群のなかからは、三角縁神獣鏡が一枚も出ていないことからすれば、三角縁神獣鏡は一段階新しい時期の古墳群から出土している傾向にあると言える。事実、槨のなかから出てきた土師器装飾壺は古い型式（纒向3式）で、濠の底の土器類も同様であった。二〇〇メートル西隣の箸墓古墳より、ホケノ山古墳は一段階古い古墳と考えられる。

また、箸墓古墳で見られるような「玄武岩」の破片が、ここではほとんど出土していない。これは、次にふれる石塚古墳でも同様のことがいえる。このことは、縦長の扁平な石材（玄武岩）が竪穴石室をつくるために持ち運ばれたものであるとすれば、箸墓古墳では石室がつくられたことを意味し、ホケノ山古墳では竪穴石室ではなく、河原石を積んだ石槨がつくられていたことになり、大きな埋葬形態の差がみられる。次にふれる石塚古墳では、石を使わない素掘りの墓壙《ぼこう》しかつくられていなかったと推定できる。

2　最初の前方後円墳・石塚古墳

ホケノ山より古い古墳

石塚古墳（図28）は、箸墓古墳の北西約九〇〇メートル、桜井市太田字石塚二六二番地他に位置する前方後円墳である。この場所は、一九七一年に石野博信《いしのひろのぶ》・関川によって発掘調査され、古墳の周濠を検出した纒向遺跡の調査の歴史上記念すべき場所である。

古墳の全長は九六メートル、後円部径六四メートル・高さ三・三メートル、前方部幅四四メートル・高さ〇・九メートルで、典型的な纒向型前方後円墳である。纒向型の特徴の一つと考えられる、前方部をバチ形に開く古墳であることが確認されている。

残念ながら、墳頂に入れたトレンチからは、埋葬施設は発見できなかった。一九四五年に、北側の天理市長柄《ながら》にあった海軍の飛行場を守るための高射砲陣地を築造する際に、墳丘の半分以上が削り取られてしまったからである。その当時、地元の中学生として勤労奉仕に出ていた方に聞き取りをしたところ、何も出土しなかったとのこと。せめて河原石や縦割れの石でもなかったかと聞いたが、記憶にないとの返事だった。空腹での勤労奉仕作業はつらくて、それどころではなかったらしい。

どうやら、葺石や石槨に河原石を使ったホケノ山古墳よりも、それらを使わない石

図 28 ● 石塚古墳
第 2 次世界大戦中に、高射砲陣地建設のために、墳丘の大半を削られて、座布団を置いたような形であるが、左側でバチ形の前方部が検出された。

塚古墳の方が一段階古いかと推定される。この古墳の調査で、石野が南濠の底から纒向１式期の小型壺を検出して、その時期の築造かとした。しかし、寺沢の調査時には、東濠のなかからはそれよりも新しい纒向２・３式の土器も出ており、決め手にはならない。

吉備地方とのかかわり

一九七五年の第八次調査では、南側の濠のなかから「弧文円《こもんえん》板《ばん》」と名づけられた木製品が一枚出土した（図29）。これは、二七ページで述べた吉備地方の「弧帯文様」と呼ばれる独特の文様に通じ、木棺ががんじがらめにおおわれる仕組みに共通する思想である。

ただし、吉備地方の弧帯文様と比較すると石塚古墳のものは装飾性に富み、吉備地方とは異なるデザイン化が認められる。おそらくは、この地域に入ってから弧帯文様が独自に変化してゆき、「弧文」と呼ばれるような形態に変化していったものか。そしてその次には「直弧文《ちょっこもん》」にデザイン化されたと考える。

これ以外にも、石塚古墳の所在する纒向遺跡からは、石製

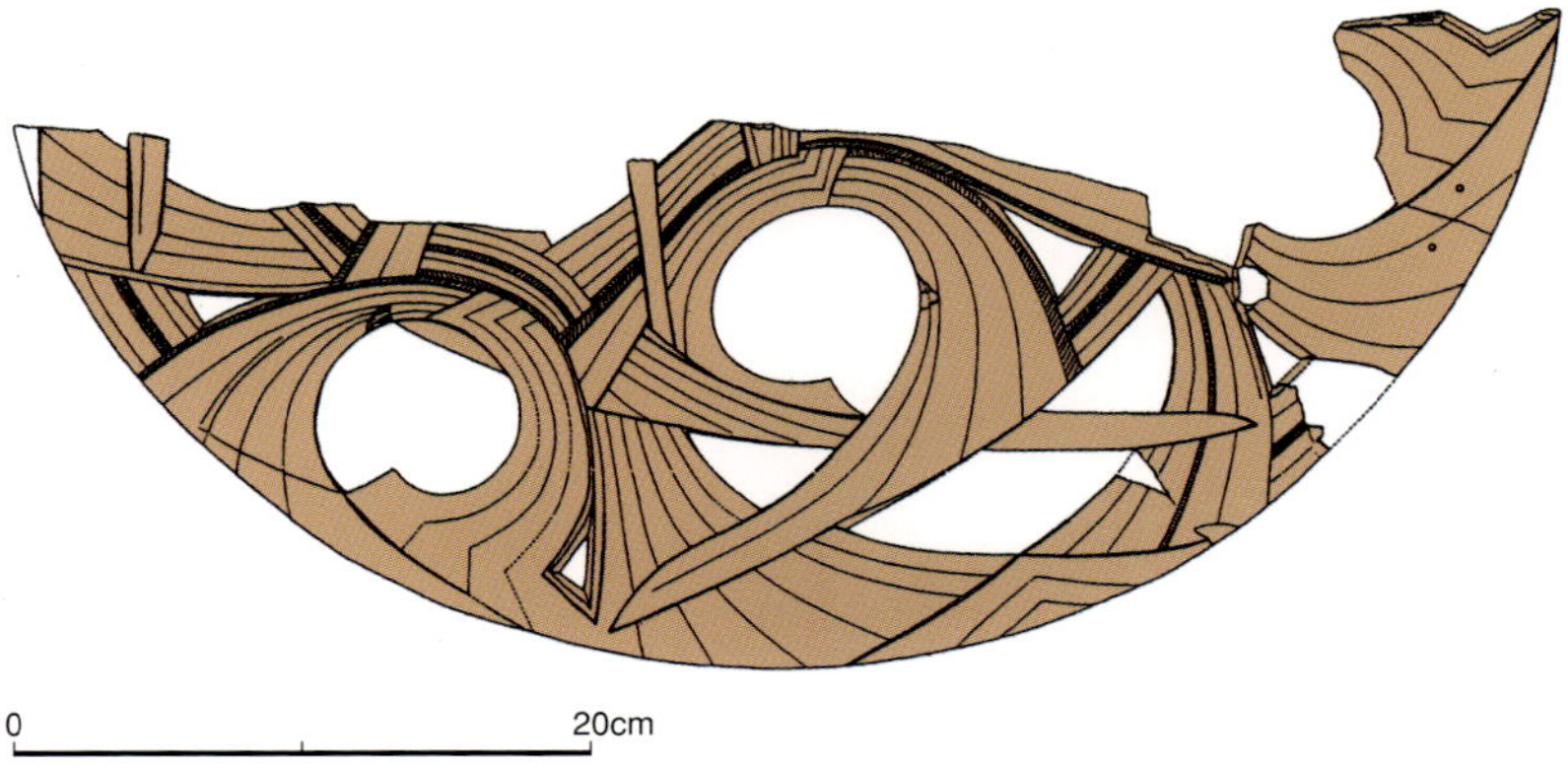

図 29 ● 石塚古墳周濠内出土の弧文円板
人魂形の透かし孔がうがたれており、本来、弧帯でがんじがらめに縛り込んだ状況を図案化したものだろう。

（第三六次調査）や木製の弧帯文（第五〇次調査）で装飾した品が出ている。

古墳がつくられた場所

また、石塚古墳の墳頂の真ん中を断ち切って入れたトレンチ（第八七次調査）の底から、真っ黒な植物腐食土層（ピート層）が出てきて、そのなかから多量のカラス貝の貝殻が出てきた。このことは古墳を築造するときに選ばれた場所が、水が滞積し草が生い茂った湿地帯のような場所であったことを証明している。つまり、水田や畑として活用されていなかった場所を選んでいることがわかった。

纒向遺跡は纒向川の形成する扇状地形上に立地しているが、石塚古墳の位置はその西端のいちばん低い場所で、伏流水が湧き出てくる場所にあたる。すぐ西側の纒向小学校のグラウンドからは、幅五メートルで両側を矢板でもって護岸した溝（東田大溝《ひがいだたいこう》と呼ばれる。長さ五〇メートル以上あり、集泥枡《しゅうでいます》が設置されたり、しがらみもあった）が発見されている。これを運河（クリーク・船などを交通手段とする人工河川）と見る人があるが、東西二キロの間に標高一〇〇メートルもの高低差のある纒向扇状地では、水は一方的に東から西へ流れ下るのみで、運河のように水を滞積させ安定して船を浮かべておくことができない地形である。運河を掘る場所には向かず、湧き水を排出するための溝としての土木工事であったと思われる。

このような場所では、住居をつくることは不向きであったに違いない。空いている不要な場所に、石塚古墳をはじめとして矢塚・勝山・東田大塚古墳などの初期大型前方後円墳が、つづけて築造されたものであろう。

　ちなみに箸墓古墳の墳丘下も、旧纏向川の砂礫混じりのガラガラに荒れた河道が出てきており、石塚古墳と同じように古い河原の氾濫原のなかに古墳が築かれたものである。

年輪で測定する年代

　石塚古墳の築造時期については、出土した土器からは三世紀初頭と中葉の二説がある。墳丘のなかからは、内面を削った「庄内式土器」が出てこないとの見方で、三世紀初頭説が強調された時期もあったが、湿地帯に常時人が住んでいたかどうかは疑問である。

　一九八九年の第五五次調査で検出された前方部北側の濠内（図30）の板切れを使った年輪年代測定法で、奈良国

図30 ● 石塚古墳周濠内出土遺物
石塚古墳前方部北側周濠内の木製品や板材、自然木の出土状況。
左端の大きな板材が、年輪年代測定に用いられたもの。

立文化財研究所（現・独立行政法人奈良文化財研究所）・光谷《みつたに》拓実《たくみ》はＡＤ一七七年＋αの年代を測定した（のちにＡＤ一七五年＋二と改められた）。

これは板切れとなる前の樹木が、三世紀の初めまでに切られたという測定結果であるが、これが発表されるとマスコミをはじめとして、「邪馬台国纒向遺跡説」を支持する研究者は飛びついたのであった。

樹木が切り倒された年代が、すなわち古墳をつくった年代を意味するとしたら、石塚古墳は二世紀末（おそくとも三世紀初頭）の築造となり、矢塚・勝山古墳等の中型古墳を経て三世紀の中頃に箸墓古墳に到達する、つまり箸墓古墳＝卑弥呼の墓という説得力のある説になるからである。まして、石野が発見した古墳の濠から出た土器（纒向１式・三世紀初頭）ともピッタリと合ってくる。しかし、仮にその板切れのもとになる樹木が切られたのがその時期として、板材にされて製品がつくられ使われて、そして古墳の濠に棄てられたのがいつの頃かによって、測定年代のもつ意味は大きく変わってくるのである。

のこぎりが使用されるまでは、木を切って板材にするのには、非常に手間がかかったため、いまのように板材を簡単に棄てたりはせず、使えるまでは使って廃棄したとみられる。いや、墓の濠内から出るものは、墓前祭祀に使われたものだから、新しくてもいいとの説もある。このことが解決するまでは、年輪年代で古墳の築造時期を容易に決めることは、慎むべきではないかとわたしは思うのである。

古墳をつくる道具

石塚古墳で、とりあげておかねばならない点がもう一つある。それは何かといえば、周濠内の遺物のなかで長柄鋤《ながえすき》（スコップ、図30）やなすび形木製品（打ち鍬《ぐわ》）が多かったことである。

弥生時代の方形周溝墓の濠中には、並べて集めたような置き方で長柄鋤やなすび形木製品が四〜五本置かれた例はあったものの、石塚古墳では長柄鋤二四本・なすび形木製品一本・広鍬二本が、アットランダムに発見された。濠内は、すべて底まで掘っていないので、完掘すればもっと数はふえるとみられ、一辺二〇メートルまでの周溝墓をつくる作業量と一〇〇メートルクラスの前方後円墳をつくる作業量とでは、使われた土木用工具の質・量ともに違うことが証明できるところである。

後に、桜井茶臼山古墳の築造に使われたとおぼしき土木用工具類を発掘したことがあるが、二〇〇メートルクラスの古墳になると石塚古墳の量をはるかにしのぎ、総数一〇〇本近い量が発見されている。箸墓古墳では、濠は一部分しか調査していないので、このような土木工具は、ほとんど出ていない。

石塚古墳の築造年代を決めることは非常に難しいが、出土品や埋葬施設の形式、ほかで出ている遺物や石材がここでは出ていない点などから、纒向古墳群のなかでは最古の部に属するであろう。わたしは前方部の濠内から出た土器の三世紀中葉説をとる。

3 各地から人が集まった纒向遺跡

おくれていた集落遺跡の研究

箸墓古墳の北に広がる纒向遺跡（図31）は、古くから有名な遺跡ではなかった。ずいぶん前から有名であった唐古《からこ》・鍵《かぎ》遺跡ですら、発掘調査は一九三六年に奈良県嘱託であった末永雅雄《すえながまさお》がおこなったのが最初である。もっとも、遺跡の近くに住んでいた森本六爾《もりもとろくじ》らは、それ以前から簡単な試掘調査を実施してはいたが……。

纒向遺跡も当初は勝山池や太田《おおた》地区で、採集していた土器などの資料紹介がなされ、勝山池遺跡や太田遺跡として紹介されていた。この遺跡が考古学界で注目を浴びるようになったのは一九七一年のことで、九州の炭鉱が軒並み閉山に追い込まれ、失業者が巷にあふれた時期であった。政府は、西日本各地に彼らの雇用促進のために住宅建設を進め、この遺跡の上にも住宅建設が計画された。

橿考研に一九六九年に赴任した石野は、奈良県の考古学が古墳や都城、寺院の発掘調査研究では日本でいちばん進んでいるのに、集落の研究は他地域にくらべて非常におくれていることに着目して、太田遺跡の調査に向かった。同時期に、大阪府の四《よ》つ池《いけ》遺跡や池上曽根《いけがみそね》遺跡、鳥取県の福市《ふくいち》遺跡、高知県の岡本《おかもと》遺跡等の集落遺跡調査が進行中で、それら大規模集落遺跡の調査結果に刺激を受けたものだった。

最初の発掘調査では、纒向遺跡の北端近くにトレンチを入れたため、旧河道しか出てこなかった。そのなかにわずかな飛鳥時代の土器片が含まれており、当時橿考研の隣にあった県立橿原図書館の吉岡館長にその話をしたら、「万葉集には『穴師（痛足・足痛・あなし）川』が出てくるのでその川じゃありませんか」といわれ、「万葉集に出てくる河川が発掘調査で見つかった」と発表した。それを契機として、西隣にできる市立纒向小学校建設や市営住宅建設にともない次々にトレンチを広げてゆき、三五年後の今日、一四〇回以上もの調査に至っている。

高台に住居、低地に墳墓

石野の考え方では、唐古・鍵

図31 ● 纒向遺跡
中央やや右側に、上下に小丘陵（珠の山丘陵）がのびているが、その右側が旧纒向川。一部池となっている所もある。左端は、現在景行天皇陵とされる渋谷向山古墳。渋谷向山古墳と珠城山古墳群の間が、纒向遺跡の主要な地区。

遺跡の発掘調査で弥生時代の大和の集落は把握できたものの、次の古墳時代の集落もまた唐古・鍵遺跡と同じく環濠集落であるに違いないとの予測のもとで、纒向遺跡の西半分を中心にトレンチを入れていったものである。しかし、地形上の制約から、環濠集落にはならないことが調査の結果判明し、最近は遺跡の東半分にも目が向くようになった。

第五〇次調査で、水を集めて集水槽に入れて下流へ流す遺構（図32）が出てきたとき、調査担当者は浄水施設であり、下流に集落の中心地があると考えて、大々的にマスコミに発表した。石野の想定したように、西側に中心地があるとの先入観があったからだ。しかし、わたしは地形からすぐ西に烏田《からすだ》

図 32 ● 纒向遺跡 50 次調査で発見された浄化施設
左端の石の集まった所で水を濾過し、そのまま右端の収水槽でさらに不用物を沈殿させ、上方向（西）へ排水する機能をもたせていた。中央には、1×1 間の掘立柱建物が見える。

川が流れており、浄水施設と考えるのは不自然で、逆に集めた汚水を西の川に棄てる構造かと考えてみた。東側に汚水を出す施設、つまり人びとの多く住む居館などがあると考えたからだ。その後、金原正明《かねはらまさあき》（現奈良教育大学）に依頼してあった花粉分析調査の結果がわかり、施設の一部分から多量の寄生虫の卵が発見され、結果的には浄水施設と考えるよりは浄化施設と考えるほうがよいとの報告を受けたことから、ますます遺跡の東部分が注目を浴びる結果となった。

近年の調査では、さらにその東側からも重要な遺構が次々とあらわれ、その思いがふくらんでいるところである。第八〇次調査では布留式土器とともに、区画溝とおぼしき深い溝が検出されたり、鍛冶遺物や碧玉製の腕輪の破片などが出土したりしている。どうやら纒向遺跡は東側の高台に中心部分が、西の低地に墳墓部分がつくられた「ムラ」であったようだ。

たくさんの溝と数棟の家

東西二キロ・南北一キロの範囲に広がる纒向遺跡の主要部分は、弥生時代後期末まではほとんど遺構、遺物が出ておらず、纒向1式土器から6式土器までが出ているところから三〜五世紀に盛期をむかえたムラであったと考えられる。纒向1式土器が三世紀のはじめと考えられ、纒向6式（布留3式）土器が五世紀後半とされ、約二五〇年の間栄えた遺跡であろう。

主な遺構として、発見の契機となった飛鳥時代の旧河道が遺跡の北・中央・南に大きく三流あり、大雨のたびに大洪水が起こっていたことが考えられている。

建物では、掘立柱建物は三十数棟検出されているが、いずれも規模が小さく巨館と呼べるものは見られない。そのなかでも、第二〇次調査で検出された掘立柱建物群は、二×三間（約四・五×五メートル）と比較的大型の建物で、これに付属する一間四方（約一・五×一・八メートル）の小建物から成り立っている。この中心的大型建物は棟持《むなもち》柱《ばしら》をもつ妻入式の建物で、主軸を西にとっていた。周囲を柵列で取り囲み、それまでの群から特定の家屋への過渡期を見せているが、ほかの畿内の弥生遺跡での例とくらべてもとびぬけて大きいとは言いがたい。竪穴住居は数棟しか検出されず、いずれも規模は大きくない。

　これに対して祭祀土坑と呼ばれる直径一～二メートル、深さ約一メートルの穴が三十数基検出され、なかからおびただしい土器と木製品、藁《わら》やカヤなどの繊維製品、炭や灰が出土し、木製品のなかには舟のミニ

図 33 ●纒向遺跡第 51 次発掘調査出土の倒壊家屋
中央に上下方向の棟柱材があり、その下には細い棒状木製品をカズラで組んだ壁状木製品が重なり合っていた。移動式の簡易住居かと推定される。

チュアも含まれており、なんらかの祭祀がとりおこなわれた跡と考えられた。三輪山の祭祀と見られるが、農耕儀礼として三輪山とは関係ないとの説も出されている。唐古・鍵遺跡でもおなじような遺構がいくつかあって、そこでは湧水地点まで掘られており、井戸と割り切っている。

このほか、遺跡からはやたらと溝が出ている。先に書いた東田大溝を最古・最大として、幅一〜二メートル、深さ〇・五〜一メートルの規模の溝が地形に沿って、おおよそ東から西に掘られており、規格した東西南北の整然とした溝ではないものの、なかから多くの木製品や柱材などが出てくる。石野は、東田大溝が箸墓古墳の濠につながるとの仮説を唱えているが、その間には旧河道があり、それを横切らねばならず、少し無理があるように思われる。

鍛冶遺構

遺構の東側からは、第八〇次調査で布留1式土器を出す幅二メートル、深さ一・五メートルの溝が現れ、周辺から鍛冶滓や羽口《はぐち》が少量出土した。溝内部が内側にえぐれていて、水量が多かった時があることを推定させた。このことから、一部では製鉄関連の跡（カンナ流し等）ではないかとの仮説が立てられた。しかし、カンナ流しの技法は近世以降のものであるので、論外である。またカンナ流しがある場所は、製錬鉄をつくる場所に近いところにあるので、ここは羽口を用いた鍛冶をおこなった場所であることがわかる。

大和平野のなかでは最古の鍛冶遺構で、纒向遺跡に鍛冶関連の工人がいたことが証明された。

さまざまな墳墓

墳墓といえば、纒向遺跡のなかにある石塚・矢塚・勝山・東田大塚・ホケノ山古墳が有名である。墳丘長約一〇〇メートル前後もあり、当時としては巨大な墳墓といえる。だが、墳墓はこれだけしかなかったわけではない。遺跡のなかには、従来型の方形周《ほうけいしゅう》溝墓《こうぼ》もつくられていたし、摂津や河内地域で多く見られる組み合わせ式の木棺墓や、瀬戸内から山陰にかけて流行した大型の土器棺墓も発見されている。

方形周溝墓は、桜井市内でもっとも多かったのが纒向遺

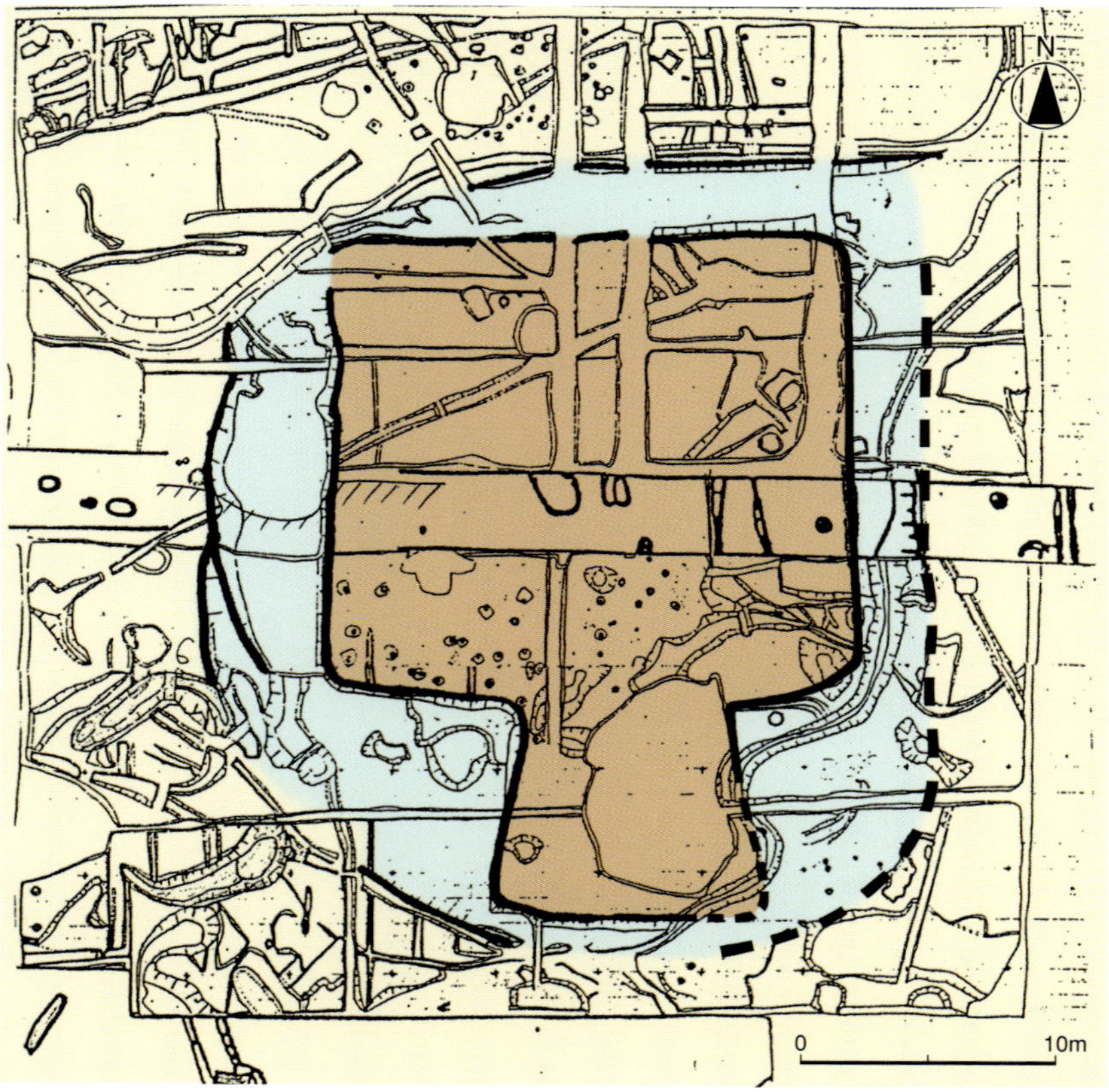

図34 ● メクリ1号墓
メクリ地区で検出された前方後方形の周溝墓。すぐ後の布留1期に、右側の小溝が掘られており、元来土盛りされていなかった可能性が高い。

跡で、市内で三六基のうち三分の一強の一四基がつくられている。そのなかの最大のものは、メクリ一号墓と呼ばれる前方後方形周溝墓（図34）で、全長二八メートルを測る。つまり、大小の方形周溝墓を二基くっつけた形の周溝墓で、墳丘内からも周濠内からも埋葬施設は検出できなかった。しかし、前方後方の形が東海地方からきていると仮定するならば、遺跡内に山ほど出てくる東海型のS字口縁の甕類と、纒向遺跡とを結びつけることも可能であろう。

纒向遺跡は古墳も存在するが、ほぼ同時期に弥生時代の伝統的な方形周溝墓も存在する「ムラ」でもあった。そのムラのなかには、大王と呼ばれた人物もいれば、唐古・鍵遺跡などの環濠集落の首長クラス的な人物もいたということだろう。西日本地域の、特に瀬戸内や日本海側の王クラスの墳墓である、四隅突出型《よすみとっしゅつがた》墳墓や墳丘墓と呼ばれる高塚墳墓の影響のもとに、纒向遺跡のなかに、はじめて石塚古墳のような大型古墳が築造されていったと考えてよいだろう。

特に注目すべきことは、ここではじめて「纒向型前方後円墳」、つまり前方部が三味線を弾くときのバチの形に開く墳形がつくられるのである。

大量の土器の半分は東海系

纒向遺跡の出土品の特徴は、まず大量の土器類があげられる。各地の土器が持ち込まれており、西は九州から東は相模地方、北は北陸・月影式《つきかげしき》土器、南は四国・阿波《あわ》式土器までを含み、おおよそ西日本地域すべてからきている。なかでもいちばん多いのは、S字口縁甕と呼ばれる甕を中心とした東海系の土器で、搬入土器の約半分を占める（図19参照）。後は河内・近江・山陰・阿波・讃岐地方の土器が多く、大阪の河内潟《かわちがた》周辺地方で多く見られる山陽・吉備地方の土器はわずかだった。種類も東海系は甕が多く、吉備系は小型丸底壺・高杯・器台が目立つ。地元の大和の土器は、内部を削った庄内式《しょうないしき》甕が多く出土したが、弥生時代の伝統を残す内部を刷《は》毛《け》調整しただけの平底の甕も同じくらい出土しており、旧来の大和人と庄内式土器をともなってやって来た新来の人びとの存在を、強く感じさせられるものだった。

このほか目立つ遺物として、弧文円板や弧帯石板、特殊器台片などの吉備系の祭祀遺物がある。金属器は旧河道から銅鐸の小破片（渦耳《うずみみ》部分）が出たが、後は銅鏃が一〇本程度で、鉄器も十数本を数えるのみ。銅鏃や鉄鏃を模した木鏃が十数本出土するという特徴を見せる。当時のハイテク製品と呼ばれたであろう鉄製の刀や剣などの武器や、鎌や鍬などの農工具の出土をあまり見かけないのが特徴だろうか。

都市計画があった?

これらのことから、纒向遺跡は三～四世紀に日本中の地域の人びとが集まって来て、「ムラ」のなかで活動をした最大の場所であったと考えられ、寺沢は「都市」の名称を与えている。

これも後に触れるが、確かに「都市計画」のもとに道路や墳墓が設計された跡があり、都市にふさわしい場所であったと言っても過言ではない。まさしく、日本古代国家・大和政権の発祥の地にふさわしい遺構遺物を出土している。それでは、この大和政権発祥の地に築かれた「箸墓古墳」には誰が葬られているのだろうか。

第5章　葬られたのは誰か

1　卑弥呼の墓なのか？

箸墓古墳の研究史のなかで、昭和初期に笠井新也《かさいしんや》は、卑弥呼《ひみこ》を倭迹迹日百襲姫《やまとととびももそひめ》に比定し、箸墓古墳が卑弥呼の径百余歩の墳墓であるとした。以来約八〇年、近年の考古学・古代史学界では関西のみならず九州を含めた全国の学者がその説を強調しはじめた。

年輪年代法によって、三世紀前半に初期前方後円墳が築造されたとの説が発表されて以降、ほとんどの考古学者たちがその説になびいていったといっても言い過ぎではなかろう。

はたしてそうなのか？

神仙思想と壺

前方後円墳の墳形は、「壺」の形をとったものと言いはじめたのは島田貞彦《しまださだひこ》であった。彼は母の胎内を壺と考えたのであった。

中国では、神仙思想にもとづいて、死者が壺のなかに入ってから神仙の世界へ行くとの考えのもと、壺棺が流行する。日本にもその考えが入ってきて、弥生時代には北九州を中心に甕棺墓が支配者層の埋葬施設として大流行する。それも後期前半までで、後半以降になると甕棺墓は消滅する。

縄文時代にも甕棺墓が存在するが、縄文期のものは成人骨改葬であり、根本的に異なる。

弥生期の甕棺墓が縄文時代の甕棺墓と質的に異なる点は、棺のなかには鏡・玉・剣を基本とする宝物を多数副葬する墳墓が存在することである。福岡県春日市の須玖《すぐ》遺跡の鏡二〇面以上を筆頭に、鏡のみならず玉や剣（この場合の剣の大半は細形銅剣）を多数副葬するのである。

ところが、この時代の大和平野や河内平野の墳墓は方形周溝墓で、一辺が一〇〜二〇メートル、高さも一メートル内外のいたって小規模な群集墳がつくられている。時に五〇基、一〇〇基単位で密集してつくられる場合もあるが、被葬者の副葬品の差は北九州の甕棺墓のような大きな差が見られないのが、いままでの例である。目を見張る副葬品と言えば、河内平野ではせいぜい国産銅剣を一〜二本副葬する程度の経済力しか見られない。大和平野では、それすら見あたらない。

そしてその次の段階（古墳時代初頭）に、大和平野の東南部に限って、なぜか大型の纒向型前方後円墳が、突如として出現するのである。

壺形古墳

三世紀前後の中国（漢王朝末期から三国・西晋王朝時代にかけて）では、神仙思想が流行する。後漢王朝末の黄巾党《こうきんとう》の考えもその一つとされ、死ねば仙人となって死後の世界へ行き永遠の命を保てるとの考えのもと、その思想を共有する者たちが集まって自分たちの国家をつくろうとまでする。それは黄巾の乱（一八四年）となり後漢帝国に鎮圧されたが、その後漢帝国を崩壊させる大きな下地となった。

この思想の根底には、中国大陸は西が高く東が低いという地形から、西の最高峰崑崙山《こんろんさん》には西王《せいおう》母《ぼ》と呼ばれる仙人が、東の海の果てにある蓬萊山《ほうらいさん》には東王父《とうおうふ》が住んで、その周りに仙人の楽園があるとの考え方があった。

中国の沂南《ぎなん》画像石墓に描かれた仙人たちの絵（図35）では、西王母や東王父は大きな壺の上に座っている。つまり、崑崙山や蓬萊山は壺の形を

図 35 ● 沂南画像石墓図
画面右側が東王父と２人の侍者、その下に壺が３個と東を示す青龍が描かれている。左側は西王母とウサギが２羽、その下に同じく壺が３個と西を示す白虎が描かれている。蓬萊山と崑崙山の仙人の世界を示すものである。

した山（もしくは島）であるとの考えである。その考えを知った倭の大王やその身内の者たちは、自分たちの奥津城《おくつき》（墓所）に壺の形の墳形を採用するのである。それが、平面的にはバチ形に開く前方後円墳の形になったものだ。そして、最初にとり入れられたのが纒向古墳群の西支群であったと見られる。いまのところ、確実に前方部が開く形が確認できたのは纒向石塚古墳のみであるが、ほかの三基も全面発掘調査すればバチ形、つまり壺の口縁形に開く前方部が検出できるだろう。

中国の神仙思想が元となっているのであれば、中国にも前方後円墳がつくられていてもいいのではないかとの意見がある。中国における蓬莱山と崑崙山は、あくまでも国の辺境にある理想郷であり、中国の支配者たちが入る墓は、国内の規格によってつくられたものと見られる。彼らは従来からつくられていた「方」と「円」という墳形を守りつづけた。

これに対し、辺境では必ずしも「方」・「円」の墳形規格にこだわる必要がなかったと考えられないだろうか。まして倭国は中国の支配下にあったとはいえ、海の上に浮かぶ東夷の国であった。また、神仙思想にあこがれた倭の国であるがゆえに、独自に壺形となる前方後円墳の形を採用したのではないだろうか。

鍵穴形への変化

しかし、壺形の前方後円墳の形は長くつづかず箸墓古墳がピークで、次の行灯山古墳や渋谷向山古墳では鍵穴形に変わってしまうとの指摘もある。

大和に入ってきた最初の前方後円墳である石塚古墳は、カラス貝がすむ湿地帯につくられた。墳丘のなかにも、旧地表のなかにも、カラス貝の殻がたくさん入っており、農地として使われていない場所を選んで、湿地に濠を掘ってその土を積み上げて墳丘とし、それを段築して一〇〇メートル級の前方後円墳とした。

次につくったのは箸墓古墳。ここも旧纒向川の氾濫原である砂礫地の上に同じようにしてつくられたものの、全長三〇〇メートル級の大型であったために濠と段築だけでは墳丘がもろいとして、墳丘を叩き締め葺石を貼り付けたものであろう。それが、『日本書紀』崇神紀十年九月の条の、「箸墓をつくるのに大坂山の石を手渡しで持ち運んだ」との記事になったものと思われる。

次の西殿塚古墳や行灯山・渋谷向山古墳となると、丘陵の先端を切りその土を盛り上げるやり方で、見かけだけの墳丘規模は大きくても、動かした土量は三分の一もしくは四分の一の量ですむ土木工事となる。手抜き工事で大王陵をつくるために、細部の墳形も省略されて、その結果壺形が鍵穴形に変化したものだろう。

神仙を描いた鏡

神仙思想については、こと墳墓だけに見られる特徴ではなく、死後の世界に持っていく宝物のなかの一つ、鏡についても同じことが言えるのである。

漢王朝（紀元前二世紀〜二世紀）の時代には、内行花文鏡や方格規矩鏡《ほうかくきく》など文様に機械的な

上は白牙弾琴、下に侍者２体とその両側に蟠龍形が２体

西王母

東王父

図 36 ● ホケノ山古墳出土画文帯神獣鏡にみえる神仙
神仙たちは侍者を従え、霊獣に守られている。死後の理想郷を描いたものだろう。

幾何学文を描いたものが好まれたが、漢帝国末期（二世紀）には神仙思想の流行により神仙そのものをモチーフとした鏡が好まれるようになり、仙人とその守護者である動物を描いた神獣鏡が大流行するのである。その一つが画文帯神獣鏡である（図36）。それもどちらかといえば、魏や西晋時代の墳墓は、薄葬のためか発見数が少なく、同時期の呉や南朝時代の墳墓からは多くの神獣鏡が出土している。

倭の国にも、直径一〇～二〇センチまでの画文帯神獣鏡が中国大陸から持ち込まれたことは、初期前方後円墳の竪穴石室に葬られたコウヤマキ製の割竹形木棺《わりだけがたもっかん》の中央部から、一枚だけ出土してくることからおおよそ推定できるのである。葬られた権力者は、生前に大切にしていた愛用品の鏡を持って、仙人として蓬莱郷《ほうらいきょう》（死者の楽園）へ入ったことであろう。もちろん仙人の好むとされる赤色の塊・水銀朱を、棺に入れたり棺内を真っ赤に塗ったりもしている。

このことから、箸墓古墳で代表される初期大和の前方後円墳の被葬者は、大陸文化の影響を十二分に受け取ることのできた人物たちであったことは言うまでもない。

三角縁神獣鏡

ここで、同じ神獣鏡でも日本出土の枚数が五〇〇枚を下らない、三角縁神獣鏡について触れてみたい。鏡の文様はそれまでの同種の文様にくらべ、極めて複雑で彫りも深く、精巧なつくりである。

鋳型から製品をつくるときに、もっとも苦労するのは、鋳型からの取り出しの際と聞く。中央はともかく、端部は溶かした銅が周りにくく、鋳型剝離の際に欠けたり潰れたりもするそうだ。それを防ぐには、端部をはがしやすい形にするとよいとのこと。端部まで画文の入った複雑な文様より、三角の形のほうが鋳型からはがれやすい特徴をもつ。中国の官営工房で繊細に丁寧につくられたものが、場所を変えれば端部がはがれやすい、より手抜きした形式に変化しても、なんら不思議ではないと考えられる。だからこそ、神獣鏡が多く製作された中国大陸に、三角縁神獣鏡が一枚も出てこなくて、三角縁のものは日本にだけ集中して出土してくるのである。

卑弥呼の墓か

では、箸墓古墳の被葬者は、邪馬台国の女王・卑弥呼なのだろうか。たしかに卑弥呼は、中国・魏王朝に服属し、親魏倭王という金印までもらった人物である。当然神仙思想を受け入れる立場にあったと考えられる。まして、『魏志』倭人伝には「鬼道を良くする」とあり、鬼道が神仙の思想につながれば、ぴったりであろう。しかし、卑弥呼は魏の国の都・洛陽へ直接行ったわけではなく、使者が行ったにすぎない。『魏志』倭人伝の終わり近く、卑弥呼が死ぬ記事が出てくる。そこには「卑弥呼以て死す。大いに冢《つか》を作る。径百余歩、殉葬《じゅんそう》する奴婢百余人」とあり、卑弥呼の墓は直径約一五〇メートル（一歩が約一・五メートルとして）、殉死して埋納された者、もしくは埋められて結果的に殉死した者百人余りと理解できる。

ここで、明らかに前方後円墳の形式をとる箸墓古墳が、なぜ径という表現をとるのかを説明しないと、箸墓古墳が卑弥呼の墓だという説は成り立ちにくい。埋葬施設は後円部にあるから、後円部が正円形であることからすれば、「径」という表現でいいのではとの意見も根強いが、リアルに邪馬台国の記事を書いてきた『三国志』の筆者が、そこで壺形とか方円形とか書かない点に注目したい。中国の皇帝の墳墓に方墳が多い点からも、「方」とは異なる「円」を意識したからこそ「径」と言ったものであろう。

また、百人余りもの殉死者を埋葬した痕跡はどこにもない。いや、日本中のこの時期の高塚墳を調べても、一人でも二人でも殉死者を埋葬した墳墓が見つかるだろうか。そんな殉死者をともなう直径一五〇メートル以上もの墳墓が、発見できるだろうか。

そう考えると、これらの記事はすべて中国大陸の当時の墓制に由来した、葬送儀礼に関するものであることに気づくのである。この記事は、中国人の感覚で書かれたものとしかいいようがない。そんな記事が混じっているとみれば、箸墓古墳が卑弥呼の径百余歩の墳墓である理由にはけっしてならないのである。

殉死者

こう書くと、古墳の中央につくられた埋葬施設以外に、後円部の頂上周辺部や前方部のみならず、古墳墳丘周辺の埋葬施設を、殉死者の埋葬施設と考えられないかとの指摘がある。墳丘を全面剝いで調査すれば、一〇〇人近い殉死者も発見できる可能性があることを示唆する人もある。

わたしはこの場合、殉死者とは主体者に対して家族や部下が後に死んで主人の側に埋葬されるものは含まないと考える。あくまでも、自分で生きる死ぬの自由をもたない、強制的にその命を集団で左右される人びとのことをさすと考える。たしかに、明治天皇の崩御に際して、乃《の》木希典《ぎまれすけ》夫妻が自殺して、殉死者としてマスコミがもてはやしたこともあった。しかし、中国のこの時期（二～四世紀）の葬制を見ると、殉死者とは強制的に殺されるか、生き埋めにされて殺された人びとをさすと見られる。

弥生時代の方形周溝墓のなかにもたくさんの埋葬施設が検出されるが、いままでの研究でそれらを殉死者と考えた人は皆無である。ゆえに、全長一〇〇メートルを越える前方後円墳をいくら全掘しても、その周辺で検出された埋葬施設は、けっして「殉葬する奴婢百余人」とはならないであろう。

土師墓と橋墓

箸墓古墳の被葬者について、わたしは三世紀後半期に確立した大和政権の初代大王の墓であろうと考えている。

文学者・土橋寛《つちはしゆたか》は、「はしはか」の言葉から、「土師墓《はじはか》」の変化と考えられ、初代大王のために造墓集団として活躍した土師《はじ》氏に由来するとの説を立てた。

初代大王の名は誰もが知っており、その墳墓も名前よりも「初代」とか「始祖王」とかで通用していたことであろう。以後の大王たちの名前が墳墓には残るのに、初代の名前が残りにくいのは、誰にでも初代で通じるからという理由がある。ゆえに、箸墓古墳は被葬者の名前よりも、それまでの墓の面積でくらべると数十倍、立体に直すと数百倍もの大王墓をつくった造墓集団の名前が、後世に残ったものかと考えられる。それが土師氏の手による「土師氏のつくった墓」＝「はじ墓」となるのである。

これとは別に、はじめて濠を階段状に配置して各段に土橋を築いたことから、橋をつくってまでの大工事をした大きな墓として、橋墓が箸墓に変化したかとも考えられる。行灯山古墳（図37）や渋谷向山古墳（図38）のような大前方後円墳は、周囲に階段状周濠を持っているが、その最初が箸墓古墳であったから橋墓との名前が付いたとしても不思議ではない。

誰の墓か

それでは、初代大王であれば神武天皇なのか、それとも実質の初代と言われている崇神天皇なのか、その辺のところは断定できる論拠を持たない。

図37 ● 行灯山古墳
伝崇神天皇陵。天理市柳本町にあり、幕末に前方部濠の堤を高くして全体の濠を掘り下げ、池としての機能を拡大した工事がなされている。4世紀前葉の築造か。

神武天皇は、あくまでも神話の世界の人物と考えており、崇神天皇の陵は『古事記』に「山《やま》の辺道《べのみち》の、勾《まがり》の岡の上にある陵」とあるところから、山の辺道（わたしの言う山の辺古道、八五ページ参照）のさらに上（東側）に位置する古墳を想定したい。

となれば、箸墓古墳は誰の墓なのか。崇神天皇陵に比定されている天理市・行灯山古墳は、大和《おおやまと》古墳群中の第三段階の時期に属する前方後円墳で、纒向古墳群の西支群を第一段階、箸墓古墳・西殿塚古墳・中山大塚古墳などのグループを第二段階とすると、その次に下池山古墳・黒塚古墳・東殿塚古墳・柳本大塚古墳などとともに行灯山古墳が位置づけられる。

大和古墳群のなかで、二〇〇メートル以上の大王墓と見られるものは、箸墓・西殿塚・行灯山・渋谷向山古墳となり、箸墓古墳は、崇神・景行天皇以前の大和の大王墓かと考える。もちろん崇神天皇以前の開化・孝元天皇などが「記紀」には記されているが、わたしは神武天皇と同じ存在と見ており、ここでは除去して考えたい。

図 38 ● 渋谷向山古墳
伝景行天皇陵。天理市渋谷町にあり、ここは前方部の濠だけ堤を高くして、近辺の水田への灌漑用の水を溜めている。4 世紀中葉の築造か。

そうみると、匹敵する大王は存在しないことになる。であれば三世紀半ばで死んだ女王卑弥呼でいいではないかとの意見もあるが、わたしは卑弥呼説をとらない。「記紀」に書かれる以前の、大和平野を支配した王たちのなかの優れた王であったと考える。

2　三世紀の東アジアのなかの箸墓古墳

土師氏と『魏志』倭人伝

『日本書紀』垂仁天皇三十二年七月の条で、皇后・日葉酢姫《ひばすひめ》の逝去に際して天皇は「弟・倭彦《やまとひこ》の逝去の際に墓をつくり、弟の死を悲しませる為に奴婢たちを墓の周りに穴を掘って入れたところ、彼らは弟のために悲しまず自らの不幸な出来事を嘆いて、泣き叫んだことであった。今回はそのようなことを再び繰り返したくはない。何かよい方法はないだろうか」と言ったところ、そこに一人の男が進み出て「わたしの田舎の出雲《いずも》から土部《はじべ》百人を連れてきて、奴婢に代わる人や、くさぐさの物をつくって代わりに立てましょう」と申し上げて、それを実行したところ天皇は大いに喜ばれ、それ以後、彼は朝廷の葬儀の事をとりおこなうことになったと書かれている。埴輪の起源説話であるが、その男とは当時最強と言われた当麻蹴速《たいまのけはや》と相撲をとって、彼を蹴り殺した勇者であり、そのまま都に留まっていた野見宿禰《のみのすくね》であった。

土師連たちの祖先伝承の話であるこの話に、ふとあることを感じたのである。それは、奴婢百余人を殉死させるのにかわって、土部百人を呼び寄せて埴輪をつくらせた話は、卑弥呼の死亡記事がベースとなっているのではないかということである。

もう一度、『魏志』倭人伝に戻ってみたい。そこには、径百余歩・奴婢百余人・銅鏡百枚などの量を表す表現がなされている。銅鏡百枚は、その前に「白絹五十匹・金八両・五尺刀二口」などの表現がなされているため、実数であったと見られるが、前の二つの百余の表現はいかにも中国風の表現である。つまり土師氏は、自分たちの祖先伝承をつくるに際して、『魏志』倭人伝の奴婢百余人の殉死の文言を知っていたから、「垂仁紀」に現れたあのような話をつくり上げることができたのではないかということである。もしこの仮説が正しいとしたら、土師氏のなかに中国へ行ったことのある人物がいたか、向こうから来た人から教わったか、写本等を見て知っていたかであろう。後に菅原道真《すがわらのみちざね》を生んだ土師氏のことだから、当時から相当に高い教養をもって朝廷に仕えていた豪族であったことであろう。

三輪山の麓

大和の大王家をはじめとする豪族たちは、中国から伝わった神仙思想にもとづいて彼らの奥津城に蓬莱山の形を取り入れたのであろう。そして、大和平野の東南隅・初瀬川と纏向川との交点近くに、最初の大王墓を築いた。それが箸墓古墳である。そして次々に、彼ら大王のみならずその政権を構成していた豪族たちも、死後における安住の地である蓬莱山を、箸墓古墳から北側の春日断層崖沿いに築いていったのである。

ではなぜこの場所が選ばれたものだろうか？　同じ大和平野でも、北の佐紀《さき》地方（奈良市）

や南の葛城《かつらぎ》地方（御所市）でも、はたまた河内平野であれば大和の入口に当る志紀《しき》地方（柏原市）でもよかったはずであるのに、わざわざ大和の磯城《しき》地方を選ぶ必要性があったのだろうか。

この地は、その場に立つと誰もが目を見張る三輪山（海抜四六七メートル、図39）がもっともきれいに見えるところである。甘南備《かんなび》型のお椀を伏せたような丸い山は、誰もが神の降りてくる山として崇め奉りたい山である。事実、現在日本最古の神社として大神《おおみわ》神社が鎮座している（図40）。三輪山そのものを御神体とし、大物主命《おおものぬしのみこと》神を祀っている。この三輪山は神の山であるにもかかわらず、山頂の高宮《こうのみや》（神社）にお参りするために登山することが許されている。もちろん物見心の登山は禁止で、お弁当や山頂での飲酒も禁止されているし、カメラも持ち込み禁止である。登山は信仰のためだけに許されている。

三輪山の山頂には高宮（神社）とともに、大きな磐座《いわくら》が横たわっている。そこを通り抜けて尾根伝いに東へ向かうと、初瀬川の上流に位置する長谷《はせ》寺へ下りることができる。

図39 ● 三輪山
春の三輪山。南の桜井市慈恩寺大向寺橋付近から撮影。

もちろん、神社はそんなハイキングを禁止しているのでやってはならない。

その長谷寺と大神神社の間には、三輪山と纒向山（五六七メートル）と初瀬山（五四八メートル）の三つのピークが存在することを知った（図41・43）。この三つのピークは、南は初瀬川の北岸に、北は纒向川の南岸に、東は長谷寺のある谷に、そして西は大神神社で囲まれた範囲のなかに、すっぽりとおさまるのである。

神聖な場所

この範囲をいま少し、くわしく眺めると、まず初瀬谷《はせだに》には雄略天皇の泊瀬朝倉宮《はつせあさくらのみや》と武烈天皇の泊瀬列城宮《はつせなみきのみや》とがあり、磯城・纒向の地には崇神天皇の磯城瑞籬宮《しきみづがきのみや》、垂仁天皇の纒向《まきむく》珠城宮《たまきのみや》、景行天皇の纒向日代宮《まきむくひしろのみや》が営まれている。三〜六世紀の間に在位したとされる一六

図 40 ● **大神神社**
大神神社の拝殿。この神社は、三輪山が御神体で、神殿は三輪山そのものであるから、建物としての神殿はない。この建物は寛文 4（1664）年、徳川家綱の造営で、1921 年 4 月、国重文に指定されている。

人の天皇のうち、五人までがこの範囲に宮をつくっている。

また、纒向川のすぐ北岸までは、日本最大の群集墳とされる龍王山《りゅうおうざん》古墳群が約一千基の墳墓を累々と築き上げているのに対して、纒向川以南では一基も見られない。初瀬川についても、川の南には押坂《おっさか》・慈恩寺《じおんじ》・脇本《わきもと》・竜谷《りゅうたに》・狛《こま》・岩坂《いわさか》古墳群が、西から東の山の尾根沿いに点々と小円墳を築いている（図41）が、川の北側には一基も見られなかった。

このことから、古代人たちは、この三輪・纒向・初瀬の三山を、大王宮殿は許されても埋葬の地としては許されない場所として、神聖な場という観念を持っていたのではないだろうか。もっとも、弥生時代後期の土器棺が二基、脇本《わきもと》遺跡から発見されており、弥生時代にはまだそんな観念はなかったようである。

さらに、三輪山の西側について視野を狭め

図41 ●三輪山、初瀬山、纒向山の周辺
三輪山を中心として、初瀬川の外側には古墳群が築かれ、
内側には5人の天皇の宮殿がつくられている。

てみよう。大神神社の西側に広がる三輪・茅原・箸中の地域は、古墳が多く築造された所であるが、国史跡・茅原大墓古墳を筆頭として、中・後期の古墳が集中している。その古墳の密集地帯の東に一本の道が南北に通っており、市道三輪―巻野内線と呼ぶ。この道の西には古墳墳丘が点在するのに、東には今のところ一基も見つかっていない。この道は現・纒向川を越えると、まっすぐに北上し珠城山《たまきやま》古墳群の二・三号墳の間を通り、烏田川を越えて渋谷向山古墳、行灯山古墳の前（西側）を通って、一〇キロ先の天理教の教団本部のある布留・三島の地へつながってゆく。

三世紀以降には、この布留の地にも布留遺跡という大集落が存在した。発掘調査されたなかで、特に五世紀の遺構が大きくて有名であり、履中《りちゅう》天皇の石上宮《いそのかみのみや》の候補地かとされている。しかし、遺跡からは庄内式土器も多数出土しており、纒向遺跡が成立するのとほぼ同時期に布留遺跡にもムラがつくられ始める。この布留遺跡もまた、布留川の形成する扇状地上に築かれており、弥生時代後期まではムラの跡が見られない地域である。

聖と俗を分ける道

布留の地の東に広がる丘の上に石上《いそのかみ》神宮が鎮座しているが、この石上神宮を基盤に活躍したのが物部《もののべ》氏である。

崇神・景行の二人の天皇陵は、山の辺道の上にある陵とあり、山の辺道の近くにあったことがわかる。普通に読むと「上」とあれば、道より高いところに陵が存在するはずで、現在の山の辺道は両陵より東の高い所を通過している。そこで、本来の山の辺道は両陵より低い西側を通過したものと考えると、この三輪山西麓で纒向遺跡を東西に二分する南北道が両古墳の西を通過することがわかり、これが本来の山の辺道であったと考えるほうが自然である（図42）。「日本最古の道」で売り出している山の辺道が、自然に山裾を踏み固めた現在のルートのクネクネ道であれば、「記紀」にわざわざ道の名を明記するはずがない。人工的に直線道路をつくって、人間や物資を大量に運んでこそ日本最古につくられた道路の名にふさわしいものである。まして、大和平野に入ってすぐに纒向地域に本拠を定めた大王家と、追随してきて同じく大和に入って布留の地に本拠を定めたとみられる物部家が、大和のみならず周辺の地を平定するのに、ともに兵を動かし統一行動をとるためには、布留と纒向（天理市と桜井市）を最短距離でつなぐ必要性があったのは言うまでもないことである。

最初につくられた山の辺道は、本来三輪山の西側の神聖な地域と俗なる地域をわけるラインが北に伸ばされて、山の辺道となったと考えたい。今の観光地である山の辺道と区別するために、わたしはこの線（道）を山の辺古道と命名した。

この道から約五五〇メートル西に二番目の南北道路が築かれる。この道路こそ、後に上ツ道と呼ぶ主要道路で、中世以降に上街道《かみかいどう》として京都から南都奈良を経て、長谷寺・伊勢神宮へ向かう街道となったいわれのある道である。この道は、大王家の初代王墓の箸墓古墳から始まり、物部家の初代族長墓とも言うべき布留地域最古最大の古墳である西山《にしやま》古墳の外堤の端に至る道である。

西山古墳

柳本大塚古墳

箸墓古墳と上ツ道

図 42 ● 山の辺古道と上ツ道

上ツ道は西山古墳と箸墓古墳の間を結ぶ道としてつくられたのが最初とみられ、その間に馬口山・黒塚・柳本大塚古墳などが道路に併行、もしくは直交する形で築かれている。3～4 世紀にすでに、都市計画が企画されていたと考えられる。

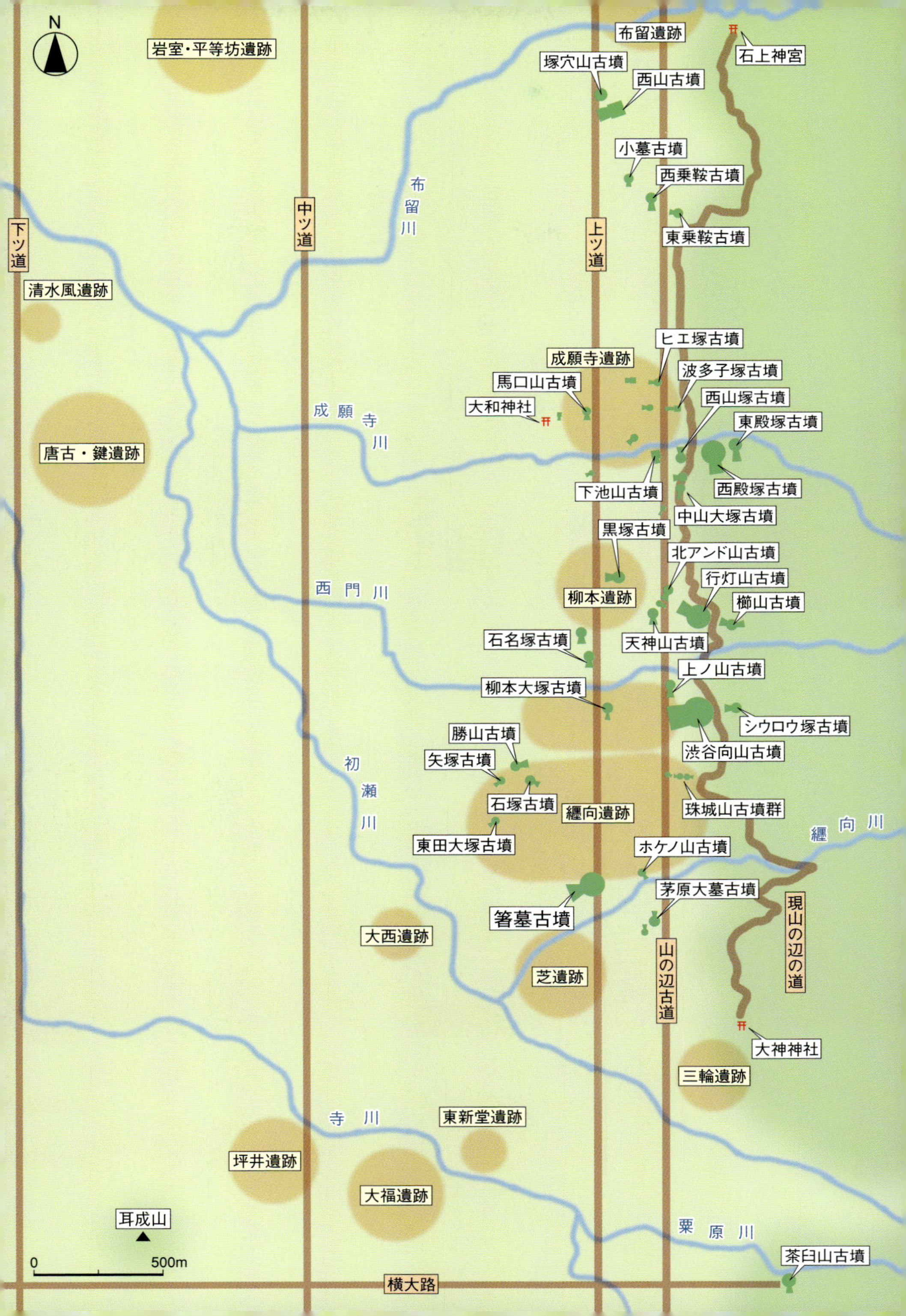

N
岩室・平等坊遺跡
布留遺跡
石上神宮
塚穴山古墳
西山古墳
小墓古墳
西乗鞍古墳
東乗鞍古墳
布留川
下ツ道
中ツ道
上ツ道
清水風遺跡
ヒエ塚古墳
成願寺遺跡
波多子塚古墳
馬口山古墳
西山塚古墳
大和神社
東殿塚古墳
成願寺川
唐古・鍵遺跡
下池山古墳
西殿塚古墳
中山大塚古墳
黒塚古墳
北アンド山古墳
行灯山古墳
西門川
柳本遺跡
櫛山古墳
石名塚古墳
天神山古墳
上ノ山古墳
柳本大塚古墳
シウロウ塚古墳
勝山古墳
渋谷向山古墳
矢塚古墳
初瀬川
石塚古墳
纒向遺跡
珠城山古墳群
纒向川
東田大塚古墳
ホケノ山古墳
茅原大墓古墳
現山の辺の道
箸墓古墳
大西遺跡
山の辺古道
芝遺跡
大神神社
三輪遺跡
寺川
東新堂遺跡
坪井遺跡
大福遺跡
耳成山
粟原川
0
500m
茶臼山古墳
横大路

この西山古墳は、全長約一八〇メートルの前方後方墳であるが、墳丘二段目は約一三〇メートルの前方後円の形を取り、下が前方後方・上が前方後円という特異な形をとる古墳である。

上ツ道は、最初から箸墓古墳と西山古墳を結ぶと書いたが、この道路沿いの大和《おおやまと》古墳群の前方後円墳や前方後方墳は、南北・東西の主軸をとるものが多い。とらないのは天皇陵に指定された巨大古墳と、纒向古墳群の五基と箸墓古墳、あとは古墳時代後期の小規模なものくらいである。道路があって、古墳墳丘が規制されたと言ってよい。

神聖なる三山

このような目で見ると、三輪山を中心におおよそ東西五キロ・南北二・五キロの範囲に神聖視される部分が存在した(図43)ことを、想定することができる。

では、なぜこの地域なのかを考えてみよう。「記紀」では、神武天皇が大和平定後に先祖を礼拝するために登った山は鳥見山《とみやま》(二四五メートル)とされ、三輪山の南の低い山である。天皇(大王)家の守護神・天照大御神も三輪山に祭らずに、伊勢の五十鈴川のほとり(伊勢神宮)に祭っている。これは、三輪山の祭祀と天皇家の祖先の祭祀とは、別の考えのもとになされていることが推定できる。

ここで再び「沂南画像石墓」の画像石に登場してもらおう(図35参照)。この絵の東王父は羽根が生えており髭を蓄えた仙人であるが、その両横に同じく羽根をもった脇侍《わきじ》が二人、杵《きね》を持ち臼《うす》を搗《つ》いている。西王母の絵は、明らかにうさぎが描かれており、月をイメージしていると考えられる。この東王父や西王母と、脇侍の人物の足下にはそれぞれに壺が描かれ、その壺は下で一つになっている。そして壺をまたぐように、東のシンボルである青龍や西のシンボルの白虎が見られる。これこそ、三つの壺・すなわち三つの山を意味し、この大和平野東南部においては三輪・纒向・初瀬山を指すものと見られる。

このように考えると、前方後円墳は一つ一つが蓬萊山（または蓬萊島）であったが、その母体となる蓬萊山そのものが大和ではここ三輪連峰（三輪・纒向・初瀬山）とされて、ここに彼らの精神的な中心地を求めたものであろう。つまり、死後の理想郷である蓬萊山の日本版として、彼らの本拠地や聖地を定めたものだろうか。また、大坂山の板石を持ち運んだ事実は、西の崑崙山（西王母の住処《すみか》）を意識したものではなかったろうか。

三山に囲まれた都

七世紀になって蘇我《そが》氏が実権を握ると、今度は飛鳥の地に三山を求め、甘樫丘《あまかしのおか》、ミハ山と岡寺《おかでら》背後の山の三山

図43 ● **神聖な三輪三山**
三輪山の南西、鳥見山から見た三輪山。三つの山がきわだって高いわけではなく、三輪・纒向・初瀬山のピークが、かろうじて高い状態ではあるが、この三つの山域を聖なる場所と古代人たちは考えたのだろう。

で囲まれた、飛鳥・岡盆地に都が築かれる。飛鳥岡本宮や板蓋宮《いたぶきのみや》等がそれである。蘇我馬子《そがのうまこ》はその邸宅地を桃原《ももはら》と名づけたといわれるが、これも七世紀当時の理想郷である桃源郷《とうげんきょう》からきた言葉であろう。

つづいて壬申《じんしん》の乱で実権をにぎった天武《てんむ》天皇は、飛鳥盆地の北、飛鳥川と百済《くだら》川（現・米《よね》川）によってつくられた沖積平野を中心に都城を計画し、持統《じとう》天皇によって完成したのが藤《ふじ》原宮《わらのみや》で、大和三山（畝傍《うねび》・耳成《みみなし》・香久山《かぐやま》）に囲まれたなかにつくられた（近年の発掘調査で、三山より外側にも京域が延びており、都の都市計画が広範囲になされていたことが判明した）。

次の平城京からは、三山思想よりも風水思想にもとづいた都市計画に変わってゆく。北が高く、東西に区画があり、南が低い地形で、平城・長岡・平安京の根本となった。このように、終末思想・死後観によって国都の選択が変化していくことがわかる。

大陸とのつながり

箸墓古墳を見ることによって、その立地や工法、周辺の遺跡や古墳の立地などから、古代大和政権がなぜ大和平野の東南隅のこの地に、巨大な古墳や大きな大王宮殿（これはまだ未発見であるが）をつくらねばならなかったかを述べてきた。

その背景には、当時の世界の中心たる中国大陸の政治や経済・宗教などの影響が、ありありと認められるのである。三世紀の大王墓である箸墓古墳の被葬者たちのつくった倭の国は、けっして東海のかなたの離れ小島ではなく、常に大陸の政治状況に目や耳を向け、その動きに乗り遅れないように忠実に模倣を繰り返していたのが、現実であったのではないだろうか。

古代大和政権をになった豪族たちのなかに、これら最新の中国情報を手に入れやすい人物がいたはずで、彼らがその情報にもとづいて大和平野の都市計画を推し進めていったことが、推測できるのである。まず聖域を三輪・纒向・初瀬山の三山を取り囲む地とし、そのなかには忌み嫌うものはつくらせず、夢を授けられる場所とし、その周りの俗世界を彼らの墳墓をつくる場所としたのである。山の辺古道・上ツ道の両側に、古墳が集中しているということは、けっして偶然にできたわけではなく、時間差があるにせよ一つの設計図のもとになされたものといってよいだろう。幹線道路に古墳が規制されてつくられていたのではないだろうか。

現代の奈良県庁で企画されるようなこの都市計画案が、一七〇〇年前の古墳時代にすでに計画されたとは思いもよらないことで、この仮説に反対の考古学者や古代史学者も多い。特に上ツ道については、古代史学者から七世紀につくられた説が、今六世紀まで上げてよいのではというところまできているのに、いっぺんに三〇〇年古くするのはいかがなものか、との批判を受けている。しかし、偶然にしてはそろいすぎており、当時の支配者層が中国文化に憧れ、それを貪欲に受容していったことを考えると、けっして絵空事とは思えないところである。

箸墓古墳は、卑弥呼の径百余歩の墳墓であるとの結論には至らなかったが、三～六世紀の前方後円墳時代の幕開けの場として、重要な価値をもつ古墳であったことは言うまでもない。と同時に、大和平野の東南部の一角は、仏教が伝来し国教化していった七世紀初めに、飛鳥の地が国都とされるまでの間、日本の蓬莱山としての位置を守りつづけた場所であった。

写真提供

桜井市教育委員会：図1・4・10下・11下・12下・19・28・30〜33、桜井市立埋蔵文化財センター
天理市教育委員会：図7、天理市立黒塚古墳展示館
大神神社：図16・40
奈良県立橿原考古学研究所：図23・24・25（復元模型図、壺形土器）・26・36
国（文化庁）保管・奈良県立橿原考古学研究所：図27

図の出典

図5：宮内庁書陵部原図。奈良県教育委員会『磯城・磐余地域の前方後円墳』
図6：桜井市教育委員会『桜井市平成一〇年度国庫補助による発掘調査報告書』
図8：奥田尚「奈良盆地の前期古墳の石室材について」橿考研二四六研究集会資料
図9：国立歴史民俗博物館展示解説資料
図11：奈良県教育委員会『桜井茶臼山古墳』
図12：奈良県教育委員会『メスリ山古墳』
図14・15：近藤義郎『前方後円墳の起源を考える』図22（二九ページ）、図46・47（二五二・二五三ページ）
図17：桜井市立埋蔵文化財センター『平成一〇年度・冬季企画展　纒向遺跡一〇〇回調査記念—纒向遺跡はどこまでわかったか？—』展図録（六ページ）
図18・29：桜井市教育委員会『纒向』（図18は付図を改変）
図21：桜井市立埋蔵文化財センター『二〇〇一年度冬季企画展　山の辺古道と古代大和政権』展図録（表紙）
図22：同志社大学考古学研究室『考古学に学ぶ（Ⅱ）・纒向遺跡と馬』（二二四ページ）／国土地理院　二万五千分の一地形図「桜井」
図25：学生社『ホケノ山古墳』
図34：庄内式土器研究会『庄内土器研究』XV
図35：林巳奈夫『漢代の神々』（一九八九）の付図による。岡本健一『邪馬台国論争』（二四一ページ）より引用

右記以外の写真、図版は著者

箸墓古墳

- 奈良県桜井市大字箸中一〇一九番地
- 交通　JR桜井線巻向駅より南へ徒歩10分。または桜井駅より天理方面行バスで箸中下車。

奈良県立橿原考古学研究所附属博物館

- 奈良県橿原市畝傍町五〇—二
- 電話　0744（24）1185
- 開館時間　9：00～17：00（入館は16：30まで）
- 休館日　月曜日（月曜日が休日の場合は開館、翌日休館）、年末年始
＊年に数日臨時休館日があるので、注意。
- 入館料　大人400円、学生300円、小・中学生200円（特別展の場合は別に設定）
- 交通　近鉄橿原線畝傍御陵前駅より徒歩5分
近鉄南大阪線橿原神宮前駅より徒歩15分
- 奈良県立橿原考古学研究所がおこなった発掘調査資料を中心とした常設展は旧石器時代から中世までを展示。春と秋に特別展、夏には発掘の速報展がひらかれる。

桜井市立埋蔵文化財センター

桜井市立埋蔵文化財センター

- 奈良県桜井市芝五八—二
- 電話　0744（42）6005
- 開館時間　9：00～16：30（入館は16：00まで）
- 休館日　毎週月・火曜日（祝日の場合は開館）、祝日の翌日（祝日の翌日が火曜日の場合水曜日）、年末年始
- 入館料
特別展：大人300円、小人150円
企画展：大人200円、小人100円
- 交通　桜井駅より天理方面行バスで三輪明神参道口下車、徒歩1分
JR桜井線三輪駅より西へ徒歩10分
- 桜井市教育委員会がおこなった発掘調査資料を中心に桜井市の旧石器時代から奈良時代までを解説、展示。

天理市立黒塚古墳展示館

- 奈良県天理市柳本町一一一八番地二
- 電話　0743（67）3210
- 開館時間　9：00～17：00
- 休館日　月曜日・祝日（月曜日が祝日の場合は火曜日も休館）、年末年始
- 交通　JR桜井線柳本駅より東へ徒歩約5分
- 入館料　無料
- 黒塚古墳を中心に、大和古墳群の解説、展示。

天理市立黒塚古墳展示館

刊行にあたって

「遺跡には感動がある」。これが本企画のキーワードです。

あらためていうまでもなく、専門の研究者にとっては遺跡の発掘こそ考古学の基礎をなす基本的な手段です。また、はじめて考古学を学ぶ若い学生や一般の人びとにとって「遺跡は教室」です。

日本考古学では、もうかなり長期間にわたって、発掘・発見ブームが続いています。そして、毎年厖大な数の発掘調査報告書が、主として開発のための事前発掘を担当する埋蔵文化財行政機関や地方自治体などによって刊行されています。そこには専門研究者でさえ完全には把握できないほどの情報や記録が満ちあふれています。しかし、その遺跡の発掘によってどんな学問的成果が得られたのか、その遺跡やそこから出た文化財が古い時代の歴史を知るためにいかなる意義をもつのかなどといった点を、莫大な記述・記録の中から読みとることははなはだ困難です。ましてや、考古学に関心をもつ一般の社会人にとっては、刊行部数が少なく、数があっても高価なその報告書を手にすることすら、ほとんど困難といってよい状況です。

いま日本考古学は過多ともいえる資料と情報量の中で、考古学とはどんな学問か、また遺跡の発掘から何を求め、何を明らかにすべきかといった「哲学」と「指針」が必要な時期にいたっていると認識します。

本企画は「遺跡には感動がある」をキーワードとして、発掘の原点から考古学の本質を問い続ける試みとして、日本考古学が存続する限り、永く継続すべき企画と決意しています。いまや、考古学にすべての人びとの感動を引きつけることが、日本考古学の存立基盤を固めるために、欠かせない努力目標の一つです。必ずや研究者のみならず、多くの市民の共感をいただけるものと信じて疑いません。

著者紹介

清水眞一（しみず・しんいち）

1947年愛媛県生まれ
同志社大学文学部卒業
橿原考古学研究所嘱託、鳥取県教育委員会、桜井市教育委員会を経て、現在、西四国考古学研究所代表、橿原考古学研究所共同研究員
著　書『日本の古代遺跡9　鳥取』共著（保育社、1983年)、『弥生土器の様式と編年―鳥取』（木耳社、1992年)、「大和の弥生時代方形周溝墓と台状墓」(『橿原考古学研究所論集』第13冊、2003年）ほか

シリーズ「遺跡を学ぶ」035
最初の巨大古墳・箸墓《はしはか》古墳

2007年 3月15日　第1版第1刷発行
2016年 5月10日　第1版第3刷発行

著　者＝清水眞一

発行者＝株式会社 新 泉 社
東京都文京区本郷2-5-12
振替・00170-4-160936番　TEL03(3815)1662／FAX03(3815)1422
印刷／萩原印刷　製本／榎本製本

ISBN978-4-7877-0735-2　C1021

シリーズ「遺跡を学ぶ」